民國文存

77

# 中國鐵道史
# （下）

謝彬 著

知識產權出版社

《中國鐵道史（下）》主要對民國十五年時的鐵道，按照國有、民業、約定國有、外國承辦進行分類對現有和計劃的鐵道介紹，附錄中收錄孫中山先生的鐵道建設計劃和當時全國各路各站里程總表。

　　本書適合對中國近代化和鐵路發展感興趣者及相關研究者閱讀使用。

責任編輯：劉　江　　　責任校對：董志英
文字編輯：劉　江　　　責任出版：劉譯文

**圖書在版編目（CIP）數據**

　中國鐵道史（下）/ 謝彬著. —北京：知識產權出
版社，2015.8
　（民國文存）
　ISBN 978-7-5130-3693-1

　Ⅰ.①中…　Ⅱ.①謝…　Ⅲ.①鐵路運輸—交通運輸史—
中國—民國　Ⅳ.①F532.9

　中國版本圖書館 CIP 數據核字（2015）第 180218 號

## 中國鐵道史（下）

Zhongguo Tiedaoshi（xia）

謝　彬　著

出版發行：知識產權出版社 有限責任公司

| | | | |
|---|---|---|---|
| 社　　址：北京市海淀區馬甸南村 1 號 | | 郵　　編：100088 | |
| 網　　址：http://www.ipph.cn | | 郵　　箱：bjb@cnipr.com | |
| 發行電話：010-82000860 轉 8101/8102 | | 傳　　真：010-82005070/82000893 | |
| 責編電話：010-82000860 轉 8344 | | 責編郵箱：liujiang@cnipr.com | |
| 印　　刷：保定市中畫美凱印刷有限公司 | | 經　　銷：新華書店及相關銷售網站 | |
| 開　　本：720mm×960mm　1/16 | | 印　　張：14.25 | |
| 版　　次：2015 年 8 月第一版 | | 印　　次：2015 年 8 月第一次印刷 | |
| 字　　數：175 千字 | | 定　　價：50.00 元 | |

ISBN 978-7-5130-3693-1

# 民國文存

## （第一輯）

### 編輯委員會

# 出版前言

　　民國時期，社會動亂不息，內憂外患交加，但中國的學術界卻大放異彩，文人學者輩出，名著佳作迭現。在炮火連天的歲月，深受中國傳統文化浸潤的知識分子，承當著西方文化的衝擊，內心洋溢著對古今中外文化的熱愛，他們窮其一生，潛心研究，著書立說。歲月的流逝、現實的苦樂、深刻的思考、智慧的光芒均流淌於他們的字裡行間，也呈現於那些細緻翔實的圖表中，在書籍紛呈的今天，再次翻開他們的作品，我們仍能清晰地體悟到當年那些知識分子發自內心的真誠，蘊藏著對國家的憂慮，對知識的熱愛，對真理的追求，對人生幸福的嚮往。這些著作，可謂是中華歷史文化長河中的珍寶。

　　民國圖書，有不少在新中國成立前就經過了多次再版，備受時人稱道。許多觀點在近一百年後的今天，仍可說是真知灼見。眾作者在經、史、子、集諸方面的建樹成為中國學術研究的重要里程碑。蔡元培、章太炎、陳柱、呂思勉、錢基博等人的學術研究今天仍為學者們津津樂道；魯迅、周作人、沈從文、丁玲、梁遇春、李健吾等人的文學創作以及傅抱石、豐子愷、徐悲鴻、陳從周等人的藝術創想，無一不是首屈一指的大家名作。然而這些凝結著汗水與心血的作品，有的已經罹於戰火，有的僅存數本，成為圖書館裡備受愛護的珍本，或成為古玩市場裡待價而沽的商品，讀者很少有隨手翻閱的機會。

鑑此，為整理保存中華民族文化瑰寶，本社從民國書海裡，精心挑出了一批集學術性與可讀性於一體的作品予以整理出版，以饗讀者。這些書，包括政治、經濟、法律、教育、文學、史學、哲學、藝術、科普、傳記十類，綜之為民國文存。每一類，首選大家名作，尤其是封一些自新中國成立以后沒有再版的名家著作投入了大量的精力，進行了整理。在版式方面有所權衡。基本採用化豎為橫、保持繁體的形式，標點符號則用現行的規範予以替換，一者考慮了民國繁體文字可以呈現當時的語言文字風貌，二者顧及今人從左至右的閱讀習慣，以方便讀者翻閱，使這些書能真正走入大眾。然而，由於所選書籍品種較多，涉及的學科頗為廣泛，限於編者的力量。不免有所脫誤遺漏及不妥當之處，望讀者予以指正。

# 目　錄

# 第十一章　已成國有鐵道

## 第一節　京奉鐵道

### 一、沿革

本路由枝枝節節而成，開辦最早，獲利之多，營造費之廉，均為各路冠。當清光緒三年五月，輪船招商局總辦唐景星（廷樞）以所採开平煤礦，運道不通，特稟請直督李鴻章，奏准創辦唐山至胥各莊七英里鐵路，名曰唐胥。聘英人布雷（Burnett）及金達為工程師，已而守舊黨撓之，收回成命。四年，復奏請改修輕便鐵道，曳以騾馬，不用機車，始獲准行。於五年告成，是為本路發軔之始，亦卽北方造路權輿。七年，金達以騾馬實不勝任，特自造一小機車牽引。京官聞而嚴參，奉旨查辦。經李多方解釋，乃克復用，自是始為機車鐵道。十一年七月，金達繼布雷為總工程師，以延長路線，進言於李。李卽奏准展至蘆台，並組開平鐵路公司，收買唐胥，派伍廷芳為總理。十二年告成，稱唐蘆。十三年二月初二日，總理海軍衙門准奏接造至天津，令李迅速籌議進行。李卽改名中國鐵路公司，定股銀一百萬兩，選舉董事。十四年三月，至塘沽。八月二十八日，至天津。九月初五日，李親往驗路，舉行開車式，稱唐津。

十月二十八日，海署奏准，將唐津西接通州，東接山海關。十一月二十日，伍廷芳偕金達，履勘津通。十二月初九日覆勘，十七日圖成，而內外臣工，彈章迭上，惟劉銘傳極力主張，張之洞則議移修蘆漢；反對派並鼓動船戶，折❶毀已成之天津北河鐵橋，津通遂不進行。而東路則於是年造至古冶，稱冶津，概歸中國鐵路公司管轄，是為商辦時期。

光緒十六年三月初三日，海署因軍事關係，奏准速築關東，移蘆漢官款二百萬兩助之，並命李氏督理一切。原擬官商合辦，適中國鐵路公司資本告罄，無法再修，李乃於十七年，設局山海關，名曰北洋官鐵路局。十八年，造至灤州，十九年，關內告成，復接修關外。二十年，造至綏中。會中日戰起，暫停。二十一年，和議成，李復請修至京師，旨允。二十二年，派胡燏棻為督理大臣，路線由天津北至馬家舖，西至蘆溝橋，稱津蘆。並將天津至古冶之商路，收歸國有，改名津榆鐵路總局，是為官辦時期。

光緒二十三年，籌議接修關外至新民屯，並造溝幫子至營口枝線，改名關內外鐵路總局。然修津蘆時，已向匯豐、德華、道勝三銀行，借墊二百五十四萬兩。如此鉅款，無法再籌，乃決向英借款。俄使再三抗議，謂有礙彼滿洲獨佔利益，尋經英俄互相承認揚子江及滿洲特權，始於二十四年八月二十五日，訂借中英公司英金二百三十萬鎊。除還匯豐一百二十四萬兩、德華七十萬兩、道勝六十萬兩外，概用以造鐵道。自是由商辦、官商合辦、官辦，一變而為借款官辦。二十五年，修至錦州，而營口枝路，亦經竣事。二十六年，造至大虎山。拳匪亂作，關內被英佔領，關外被俄佔領，英並由馬家舖，接修至正陽門，自東便門築枝路至通州。二十八年八月二十五日，俄還關外，英亦於二十八日，將關內交還，旨命袁世凱接收，

---

❶ "折"當為"拆"。——編者註

並各訂交換章程。二十九年，溝帮子至新民屯竣工。三十年，日本因將與俄開戰，擅築新民屯至奉天輕便鐵道。三十一年，中日議定條款，由我備價一百六十萬元收回，並約向南滿鐵道會社借款三十二萬元，改造新奉為寬軌。三十年四月初一日，奏派本路總辦周長齡接收新奉，着手改造。七月初四日，郵傳部飭令正名京奉鐵路，設總辦統理之。宣統三年，展造至奉天城，與南滿路相接，於是京奉全線開通，共歷二十九年之久。民國十年，添造錦朝枝路，借英款八百萬元。唐榆改為雙軌，借英款五十萬镑，又二百萬元。而榆關至奉天，自十一年直奉戰後，即為奉省據有，迄未交還交通部。又九年內國銀行團，欲乘磅價低落，還清英之借款，當與英使交涉，英使藉口合同期限未滿，拒不允行云。

## 二、工程

本路由白河沖積地，沿渤海岸，達遼河流域，故沿線少山岳，無須鑿洞。而唐山以北，沿海行曠野，灤河架橋而外，亦鮮困難工程。惟以小河星列，致架鐵橋九百七十五座、石橋二百零二座，而灤河大橋之設計，尤為我國架大鐵橋工程之權輿，鐵橋大者，列如下表。❶

| 大股河 | 二、六五〇呎 | 女兒河（小凌河支流） | 九六〇呎 |
|---|---|---|---|
| 大凌河 | 二、七六二呎 | 灤　河 | 一、〇〇〇呎 |
| 小凌河 | 一、二六六呎 | 雙台子河 | 五〇〇呎 |
| 遼　河 | 一、六〇〇呎 | 蘆台運河 | 五五〇呎 |

京津一段，初本欲舖雙軌，尋以拳變，破壞路工多處，乃改單軌，移其材料修造關外。於北京前門設車站，為本路終點，以豐台聯絡京漢、京綏，天津有東站、總站兩停車場，東站位舊俄租界附近，為舊設；總站即京奉、津浦之聯絡站，地在中國市街東北，屬新設。唐山

---

❶　表中數字頓號爲千分號。——編者註

至山海關，九十五英里間，為本路貨客最多之區，火車往來，日達三十四次，主要貨物為開灤煤。開灤煤坑每日能產一萬五千噸，並有每日再增出萬噸計劃。未舖雙軌以前，運輸能力，每日僅五千噸云。

本路有三工廠及一學校：一為唐山製造廠，二為溝帮子機器廠，三為山海關橋梁廠；唐山有路礦專門學校。此皆本路附屬經營事業中最著名者也。

### 三、線路里程

本路幹線，長六〇七哩，岔道二一五哩，凡八十站（站名詳後"各路站名里程總表"）。除唐榆雙軌外，均為單軌，共延長八二二哩。枝線計有八條，略敘如下。

（一）通州枝線

聯絡通州運河，由北京正陽門經東便門雙橋，通州南站至通州東站，單軌，五站，連❶行京奉軌路二哩，共長十六哩。

（二）豐台枝線

聯絡京奉、京漢兩幹路，由豐台至蘆溝橋，單軌，二站，凡十二哩。京綏鐵道，發軔於豐台，謂為三大幹路連絡點可也。

（三）連山灣枝線

聯絡葫蘆島海港，單軌，長凡七哩半，昔之錦璦、錦熱，今之錦朝及日本滿蒙四路之一，均以葫蘆島為出海口者也。

（四）西沽枝線

聯絡白河水運，由天津總站至西沽，凡長三哩。

（五）營口枝線

聯絡營口海港，由溝帮子經胡家窩鋪、雙台子、大窪、田莊台，

---

❶ "連"當為"運"。——編者註

至營口河北，共六站，長五十七哩。

（六）錦朝枝線

由錦州至熱河朝陽，共長八十四哩。第一段錦州至義縣，第二段義縣至興隆溝（北票炭坑），均已竣工；第三段興隆溝至朝陽，尚未通車。全線工程，由天津益盛工程局包辦。

（七）秦皇島枝線

本線為開灤礦務局所經營，專運煤炭出海者也，出湯河至秦皇島，長凡四哩。

（八）北戴河枝線

造自民國六年，為中外人士避暑謀便利也，由北戴河至海濱，長十四哩六。

此外尚有開灤礦務局各礦山運煤枝線七哩，大窰溝枝線十九哩及柳江枝線十一哩（參看第十三章“已成民業鐵道”）。

**四、沿線礦產**

本路沿線，如灤州、義縣、廣寧、遼陽諸地，均盛產煤鐵，而開平灤州煤礦尤富，現有開灤礦務總局，在此開挖，惜其實權握於英人之手。礦區以唐山及古冶為中心，南北亘七英里，東西二十三英里，分為唐山、北西、林西、馬家溝、趙各莊、唐家莊六大坑：前三坑屬開平礦務公司，後三坑屬灤州礦務有限公司。民國元年，兩公司聯合組織，始改今名，現有工役二萬二千人（坑內一萬五千，坑外七千），我國新法開掘最大礦業也。又奉熱之間，錦朝線上，有北票炭坑，煤層最豐，煤質不遜於開灤。民國九年，收歸國有，着手採掘。至十一年，已大著成效，據英技師言，開灤煤層行將告罄，將來北票最有希望云。

## 第二節　京漢鐵道

### 一、沿革

當清光緒十五年正月，閣臣阻辦京通之時，粵督張之洞特奏請改修蘆漢，以調和言路。朝廷是之。十一月命戶部歲撥二百萬兩，供蘆漢用。其明年二月，直督李鴻章因東北防務緊急，奏准先辦關東，以部款移用，蘆漢遂擱。二十年，我師受挫於日，朝野均感造路之必要，直督王文韶，鄂督張之洞復奏請再辦蘆漢，派張振勳赴南洋，許應鏘在內地招股，無應募者。二十二年九月十四日，王、張採盛宣懷官款、商股、洋債並用辦法，奏准設立鐵路總公司，派盛為督辦鐵路大臣，並議由度支部撥官款一千萬兩，南北洋撥存款三百萬兩，另招商股七百萬兩，募洋債二千萬兩。然商股一文不名，官款毫無把握，最後惟恃借債。王、張、盛即會奏暫借洋債，陸續招股分還，旨曰可。二十三年正月，與美商議，要挾多端，英、德商自薦，又恐牽涉粵漢，獨比國銀行工廠合股公司，以輕易條件應募，政府察其祇斤斤於購料僱工，別無他志，命盛與該公司代表馬西及海沙第，於四月二十六日，在武昌訂借款合同十七欵。六月二十八日，在滬畫押，並增專條六欵。未幾，德佔膠州事起，我國情勢，列邦意向，因之大變，比公司遽翻前議，頭批銀兩，逾期不付，續提條欵，多背前議。經盛痛駁，始於二十四年五月初八日，續訂借款詳細合同二十九欵，行車合同十欵，其欵專備保漢之用，蘆保仍由總公司於庫帑項下動支。二十六年八月，拳匪變起，蘆保車站被焚，各國聯軍力主北端展至北京。二十九年，華英公司又與比公司挾訂北京牛莊鐵路、蘆漢鐵路合同三條，同時決議，由蘆溝橋展至北京，此京漢之名所由起也。

光緒三十一年七月十三日，為完成全路工程，由盛與比公司續訂一千二百萬佛郎小借欵合同八條，一切均照前例。十月，盛氏辭差，由唐紹儀繼任。三十二年二月，遂裁撤上海鐵路總公司。三月二十三日，全路通車，正名為京漢。十二月歸郵傳部直轄，改鐵路公司為鐵路局。三十三年六月，郵傳部尚書陳璧以大權屬比，動受牽制，而三十四年十二月初九日，為十年期滿，可掃數還清，特密奏清還洋欵，以保利權。然交涉固極困難，籌欵尤形艱鉅。時鐵路總局局長梁士詒條陳辦法五項，陳璧韙之，於三十四年二月，在會議政務處提議。首曰改正合同，卽仍借比欵而減輕條件，不成，則繼之以另借新債，招募公債，挪借商欵，提集餘利。旋比公司於改正合同，絕不應允，於是倣直隸成案，募公債一千萬元，年利七釐；撥度支部官欵五百萬兩，年利六釐；借川漢路局銀一百萬兩，年利七釐；提集本路餘利一百萬兩。然不敷尚鉅，時期既迫，事機愈亟，陳、梁一面正式聲明收贖於借欵未定之日；一面於九月，與匯豐、匯理兩銀行，訂五百萬磅借欵合同。欵項既集，比公司又以比政府墊交庚子賠欵五千餘萬佛郎之担保，由外務部與比使公斷各事，均未了結，聲言一九○九年一月一日，不能交還管理權。經郵部根據合同辦駁，至十月初六日，由我駐比使臣李盛鐸，將所有應交本息、經手費各項，共法金一億二千七百四十萬零一千零四十一佛郎三十三生丁及蘆保三年官息二成，共銀二四○、一二九元九，在法京全數付清。比使始照會外務部，定期將管理權交出，註銷各項合同。十二月初十日，郵部派梁士詒及本路總監督鄭清濂點收各項文卷、賬目材料欵項及抵押卷據，並註銷迭次合同。贖路全案，至是始告結束矣。

至於本路所獲庚子毀路賠欵，則因是時路歸比公司管理，彼以得分餘利之故，遂於和議時，請比、法公使主持，得於大賠款中，分取五千餘萬佛郎。以本國之路，向本國政府索賠，世所絕無而僅有也。此欵經盛宣懷與比公司商議，撥充修復路工之用，以大賠欵係分三十九年清交，緩不濟急，復商由比政府先墊整欵，嗣後按年扣還，並給憑函聲明，將來大賠欵如有停止核減，卽由京漢八成餘利作保；如贖路後，中國另尋一担保品，保此整欵將來偶有之虧失等語。比公司遂要求贖路後，仍將京漢各權利，為此欵担保，郵部拒之。又京漢本有公積金，比公司復擬分其二成，亦以有背合同未允。節經爭辨多次，始照合同第二十六欵，歸外部與比使公同斷結，照大賠欵三十九年攤算，京漢應得之欵，其最多之年，約二百四十萬佛郎，由我國照數存儲上海華比銀行，以為整欵担保。至大賠欵付清為止，仍照通例，給付存欵利息。其公積金，則不能索分絲毫，另給以相當報酬，計贖路欵項，共約合四千六百五十萬兩。成本雖較前略重，然路權從此收回矣。宣統二年四月，由郵部將贖路交涉情形，奏明，並稱贖路借用各欵本息，由京漢行車進欵，按期歸還，並照例按年提存公積金，以備意外，應均作為定案，永遠不准移用云。

## 二、工程

本路由漢口江岸劉家廟，至廣水一段，約九十英里，以沿澴河左岸，走湖北平原，工程毫無困難，僅有路盤高築三五英尺之處，及短鐵橋數座而已。自廣水至信陽，約四十英里，以須橫斷江淮分水嶺，山脉蜿蜒，路隨谿谷迂迴，武勝關山洞又鑿至一·一一五呎二，則為黃河以南，工程中之最難者。信陽至黃河南岸，二百餘英里間，所謂中原地方，工程除淮河鐵橋外，概屬容易。黃河北岸至北京，四百餘英里，一望平野，惟有唐河、徐河諸流縱橫，架橋稍感困難，與路盤高築至三丈餘耳。全線工程最艱鉅者，厥為黃河鐵橋，南起滎澤口，北達廣武山，凡百零二孔，長九‧九三八呎，自二十九年六月施工，三十一年閏四月，始告完成，且其南岸又鑿山洞一座，長一‧〇六一呎一四，足徵其地工程艱鉅矣。全線大小鐵橋九七五座，石橋二〇二座，長辛店、漢口江岸、鄭州均設有工廠。

黃河橋工費銀二百六十五萬餘兩，保險十五年。民國九年已滿期，議重建，招標設計。十年初，組織設計審查委員會，由交通部聘請英、美、法、比、日等九國著名工師為顧問，並遴選部局專門技術人員，審查標單圖件。六月三十日開標，以比國鐵路公司為首列，美、日兩國顧問，當持反對之論，致應如何建造，迄未選定。

本路興工最先者，為二十四年正月之蘆保，是年十二月告竣。最後者為三十年五月之潞王墳至詹店。竣工最後者為三十二年四月之臨洺關至磁州。而蘆溝橋至北京正陽門一段，則聯軍所主修，興工於二十六年十一月，竣工於二十七年二月。至三十二年三月二十二日，舉行全線通車典禮，凡歷七年有四月而竣工焉。

### 三、線路里程

本路自北京正陽門南行，經直之保定、正定、石家莊、順德，豫之彰德、新鄉、鄭州、郾城、信陽，鄂之應山、孝感、黃陂，止於漢口玉帶門。南連粵漢出海，北接京奉、京綏，中貫道清、隴海，我國中部最大幹線也。全路除蘆保、漢灄兩段及武勝關山洞，屬雙軌外，餘均單軌。長凡一‧二二四公里四九三，岔道三五三公里一八七，共延長一‧五六七公里六八〇，車站一三四個（站名詳後車站里程總表），枝線共有七條，略舉如下。

（一）坨里枝線

自良鄉站至坨里石子山煤坑，單軌，站一，凡一六公里三一八。興工於光緒二十九年四月，竣工於三十年六月。

（二）周口店枝線

自琉璃河至周口店，單軌，站二，凡一五公里一八二。興工於光緒二十三年，竣工於二十四年，商款商辦之運煤鐵道也。

（三）新易枝線

自高碑店，經淶水、易州，至梁格莊西陵，單軌，站四，凡四二公里四八二。興工於光緒二十八年十月，竣工於二十九年四月，費銀六十萬兩，提自京漢餘利，清廷特造以便謁陵往來者也。

（四）臨城枝線

自鴨鴿營至臨城煤坑，單軌，站一，凡一六公里七。光緒三十一年八月興工，三十四年閏四月竣工，運煤鐵道也。

（五）六河溝枝線

自豐樂鎮至六河溝，單軌，站一，凡一八公里四〇五。民國九年八月興工，十年九月竣工，亦一運煤鐵道也。

（六）保定南關枝線

自保定站至南關，單軌，站一，凡三公里二九四。光緒二十九年閏五月興工，三十年六月竣工。

（七）豐台枝線

此線與京奉共有，屬京漢者凡二公里七一八。

此外，光緒二十九年，曾自河南和尙橋站，築一輕便鐵道至陘山，採運陘山石材，建築黃河橋基及南岸山洞，長凡二十四哩，嗣經拆毀。

### 四、沿線礦產

本路沿線礦產，以煤為最多，如坨里、周口店、石家莊、臨城、老狼溝、磁州、六河溝、焦作鎮，皆最著名。石灰則惟長辛店、周口店二處有之。惜六河溝實權，握於華比銀行；焦作實權，握於福公司；臨城亦屬中比合辦，臨城現每日產煤三百噸，六河溝每日五六百噸。臨城礦區，跨高邑、臨城、內邱三縣。六河溝礦區，廣袤三十方里，煤層均極豐富，據德技師言，六河溝每年採百萬噸，可繼續採一百年。又磁州煤礦，雖只三方里，而其煤質適製焦煤，與六治溝❶無殊，其地位，與六河溝隔漳河對峙，現有磁邑人和合台寨煤礦公司，用新法開挖焉。

## 第三節　津浦鐵道

### 一、沿革

有清光緒六年，劉銘傳奏清速造清江浦經山東至北京鐵路。十二年，曾紀澤復奏北京至鎮江鐵路，亟應興修，是卽本路之鼻祖。二十四年，江蘇候補道容閎擬借美款修造此路。會美美西戰爭方終，金融尚非充裕，轉商諸英。而德謂影響膠濟，極力阻撓，容乃議離山東境界，繞道西方，然又接近京漢，俄、法合提強硬抗議，英馬使以俄、法經營京漢，意在壓迫長江，遂與德使密商，合修津鎮。十月，經總理衙門，會同礦路局奏准，特派大員自立公司向英、德兩國銀行，商訂借款，督飭妥辦。旋由督辦大臣許景澄、帮辦大臣

---

❶ "六治溝" 當為 "六河溝"。——編者註

張翼，與德華銀行暨匯豐銀行以及匯豐所約之怡和洋行、中英公司，訂立《津鎮借款草約》三十五條，於二十五年四月初九日簽字。十二日奏准，嗣以拳亂，未及開辦。二十八年七月，外務部奏請特派督辦大臣，商訂正約，廷命袁世凱担任。袁當委唐紹儀、梁如浩會同英、德兩銀行議訂。因條件既多與原議不符，德使又要求添造德州至正定及兗州至開封兩枝路；且南北兩段，不能同時興工，會議遂毫無頭緒。惟時朝野，盛倡全國鐵路，收回自辦。直魯蘇京官鹿傳霖等，聯銜呈都察院代奏，請將津鎮，作為官商合辦。三十三年二月十六日，奉旨着袁世凱、張之洞妥商辦理。四月十七日，袁、張合詞電奏，請派梁敦彥會同籌議。後經梁與德華銀行代表柯達士、中英公司代表濮蘭德，爭持五閱月，始議定。改津鎮為津浦，訂借款合同二十四條，英德分段包辦，款亦分借。十二月初十日，由袁、張、梁奏准簽押。十八日，外務部、郵傳部奏准，派呂海寰充督辦津浦鐵路大臣，並由直隸、山東、江蘇督撫會同辦理，在北京設立總公所。三十四年三月，呂與張之洞會奏，路線取道皖境，奉旨依議。自是分段興工，北歸德工程師，南歸英工程師，而以嶧縣為界。至宣統三年八月，兩段工程在韓莊接軌，未逾合同路工期限。而合同上除工程外，一切事權，歸我自主，且並不以路作抵。舉利權收回時代，各路借款合同，率以此合同為底本，與京奉合同之為列強競爭時代，各路合同代表，皆我路史所應特紀者也。

## 二、工程

本路所經，類皆沖積平原，工程稍難者，惟北段之黃河架橋，南段之淮河架橋而已。其他鐵橋三八五座，石橋一二九〇座，距離皆不甚長。黃河橋長四·〇八三英呎，造三年又三月始成，費銀四百五十四萬五千六百十一兩，工程堅固，遠勝京漢黃河鐵橋。淮河橋長一·八八五英尺，建築一年又二月，費銀一百十萬元。此外，洪澤湖沿岸，小港縱橫，地勢低窪，夏季恆苦氾濫，因築高十呎乃至四十呎之堤保之，亦稍可紀之工程。北段開工於三十四年二月，南段在是年十二月，至宣統三年十月十六日，全路遂通車。民國元年十一月二十八日，黃河大橋亦成，共歷四年又四月焉。天津首站，外人主租界，商民主南開，卒由呂督辦指定隄頭，名曰新站，又稱西站。浦口終站，建有貨棧十二棟，能容貨物四萬担，並設輪渡與滬寧路聯絡。工廠設有天津、濟南、浦口三處。附屬營業，有陳唐莊、良王莊、傅家村磚窯二十一個，泰安、曲阜、濟南旅館各一所云。

### 三、線路里程

本路自天津經德州、濟南、泰安、曲阜、兗州、徐州、蚌埠、滁州至浦口，除浦口至浦鎮三公里雙軌外，餘皆單軌，車共八八站（站名詳後各站里程總表），凡一·〇一三公里八三，岔道二一八公里二〇，共延長一·二三二公里〇三，枝線共有四條，如下。

（一）良陳枝線

由良王莊至陳唐莊，單軌，三站，長二五公里四七。光緒三十四年八月興工，宣統元年八月竣工，津浦建造之初，用此以運送材料也。

（二）濼黃枝線

由黃河濼口橫過津浦路，至小清河黃台橋（濟南北十二里），單軌，一站，長七公里八〇，因鹽商請求添造者也。民國二年一月興工，二年六月竣工，七月開車，黃河小清河水運，因此得連絡矣。

（三）兗濟枝線

由兗州經孫氏店至濟寧州，單軌，三站，長三一公里五三，因濟寧商會請求添造者也。宣統三年九月興工，民國元年六月竣工。

（四）臨棗枝線

由臨城經山家林、鄒塢、齊村至棗莊，單軌，四站，長三一公里四六，因中興煤礦公司請求添造者也。宣統三年四月興工，十二月竣工。

此外，尚有德州至運河碼頭橋口枝線，長二英里半，以路線短，不詳敘。賈汪、台棗二線，皆民業運煤鐵道，具後第十三章，不複述焉。

# 第四節　京綏鐵道

## 一、沿革

俄自造西伯利亞鐵道以後，即欲南下蒙古，迫我北京，逮我關內外路成，遂以自伊爾庫次克，縱斷蒙古，經張家口，達北京之造路權，向我要求，清廷詗知其情，以自辦嚴拒之。適光緒二十九年春，有京商稟請集股創辦京張，清廷未置可否，至三十一年，直督袁世凱以本路關係西北邊防，極為重要，特於四月十二日，奏准由官修造，撥關內外餘利為經費。宣統元年八月，京張全路告竣，由郵傳部尚書徐世昌親往驗收。當將竣工之時，商部以西山產煤日旺，應築京門枝路，以利運輸，於三十二年六月初四日奏准，三十四年八月造成。又三十三年春，庫倫辦事大臣延祉奏請籌設張庫鐵路，廷議蒙疆遼遠，築路費既難籌，養路費尤恐無着，議決先造張綏。三十四年八月，派俞人鳳測勘，宣統元年七月，由郵部奏明，展築張綏。三年六月二十二日，甘督長庚奏請展修歸化城至包頭鎮，七月十七日，郵部覆奏贊同，當派工程師前往勘估，是卽京包所由起也。

民國元年，合併京張、張綏，名曰京張張綏鐵路管理局。三年一月，該局展築至豐鎮。五月，交部籌築京師環城枝路，六月車通大同。四年二月，交部派沈琪驗收。八月十六日，同豐通車。五年一月，環城枝路通車。六年九月，添築大同枝線。七年三月，又造宣化枝線。九月，大同路成。幹線自同豐通車後，以種種障礙，停工四年，至八年九月，始再西進。十年四月，通至綏遠。十一年十二月，通至包頭鎮。是年十月，交長高恩洪曾與比國營業公司，商定材料借款八十萬鎊，由包頭鎮展至寧夏，並派王瑚為包寧鐵路督辦，尋以款項不敷，迄未興工。京包全路職員，迄今無一洋員，此為國有諸路第一特色，而自豐鎮以前，並未借用洋債，純由國帑造成。

## 二、工程

本路自豐台至南口，皆屬冲積黃土之平原，除架南沙河六六〇呎、北沙河四八呎兩橋而外，工程均甚易。由南口至康莊，崗巒重疊，谷澗紛歧，峭壁參天，崎嶇峻險，削高填深，循溝築堤，開洞以通平原，繞山以取灣道，工程最稱艱鉅，計鑿山洞四座，南口、青龍橋間凡三，曰居庸關，長一・二〇四呎；曰五貴頭，長一五〇呎；曰石佛寺，長四六三呎。最大者為八達嶺，位青龍橋、康莊之間，長三・五八〇呎，閱十八月始通。此段工程，外人初疑華員弗克勝任，尋經歐美技師，參觀京張全路，無不嘖嘖稱善，至謂青龍橋、鷄兒梁、九里寨三處，省去洞工，實為絕技，詹天佑為中國鐵道技師開一新紀元云云。康莊、下花園間，雖有丘陵起伏，然無困難工程。下花園、宣化間，皆洋河沿岸，則須防水工作。蛇腰灣、老龍背、辛莊等處，傍山臨河，徑紆壁峭，工程之難，不減南口、康莊之間。由宣化至張家口，迂迴沙嶺山後，則廣漢平原矣。由張家口至豐鎮，地多平坦，架設拜察河、東洋河、西洋河、御河四鐵橋而外，則天鎮以東，削鑿峽道；天鎮以西，填深築堤，稍費工程。豐鎮至綏遠、察綏兩區之間，橫亘興安嶺支脈。如按較直之線，必須經過石匣溝，工艱費鉅，不減關溝。嗣經數次勘測，取道嶺北鴉兒埃天然溝沿，遂得中通綏遠至包頭鎮，莽莽平原，工程絕鮮困難。除綏包外，全線鐵橋五〇九座，最大者為御河橋；石橋一八六座。各項材料，民國七年以前，鐵橋出自山海關橋梁廠，車輛造自唐山製造，鋼軌取自漢陽鐵政局；七年以後則來自外洋矣，工廠現有二處，一曰南口製造廠，一曰張家口機器廠。

### 三、路線里程

本路合京張、張綏、綏包三段而成，自豐台北柳村起，經北京、張家口、大同府、豐鎮、綏遠城，至包頭鎮，均單軌，凡六十三站（站名詳後"各路站名里程總表"），長八一五公里九八，岔道一八六公里一九，共延長一·〇〇二公里一七，枝線計有四條，略敘如下。

#### （一）京門枝線

由北京西直門經三家店至門頭溝煤坑，單軌，三站，長二五公里二三。三十三年二月興工，翌年八月竣工，費銀六十三萬一千兩。

#### （二）環城枝線

由北京西直門經德勝門、安定門、東直門、朝陽門、東便門至正陽門，單軌，四站，長一二公里三四。民國四年六月興工，十二月竣工，以利用舊材料，只費銀二十萬元，舊材料約值八萬元云。

### （三）大同枝線

由大同府經平旺，至口泉煤坑，單軌，二站，長二〇公里五七。民國七年四月興工，九月竣工，並擬展至懷仁，尚未興工。

### （四）宣化枝線

宣化至水磨煤坑，單軌，長九公里一二。民國七年十月興工，十二月竣工，亦運煤鐵道，為京綏路局所經營者也。

此外，下花園站至鷄鳴山煤礦，有運煤鐵道一段，長二英里。

### 四、沿線礦產

本路貫京兆、直、晉、察、綏五省區，沿線礦產豐盈，已開採者，僅煤、鐵兩種，鐵又只一龍煙公司，煤則大小公司，達八十九所，其礦區較著者為門頭溝、楊家坨、鷄鳴山、口泉、懷仁諸地。鷄鳴山由路局於光緒三十三年創辦，現每日產煤二百餘噸。楊家坨位京門枝線之三家店站南四英里，初為華商陳全福經營，民國二年虧折中輟，四年十一月，與日商臼井忠三合辦，實權盡握日人之手，近年產煤，聞極發達。


# 第五節　道清鐵道<sub>附清孟鐵道</sub>


### 一、沿革

中國戰後，列強以爭攫我路礦特權，為惟一急務。有福公司者，係意豪商魯雜喬（Luzatti）及英侯爵倫烏所組織，特資鉅金，運動山西商務局，獲得晉省南部各礦。光緒二十四年閏三月二十七日，經總理衙門，以遵議山西鐵路礦務辦法奏准。四月初三日，由山西商務局紳曹才裕與福公司代表魯雜菩，訂立承辦晉省之孟縣、平定州、潞安府、澤州府、平陽府五處煤鐵礦合同。五月初三日，豫豐公司復與福公司訂立豫省懷慶左右、黃河以北諸山各礦合同，均在總理衙門簽約蓋印。該兩合同第十七條，均載明須添造分枝鐵道，接至幹路或河口，以轉運各礦，均准該公司自造，不請公款。六月英寶使向總理衙門堅索英商承造鐵路五條，其末條渾言由山西、河南至長江。經總署照覆，應俟福公司開礦後再定。寶使覆稱，該礦務合同，原有造路至河口之語，此河口卽在襄陽，可以直達長江，是為初議之澤襄。二十五年春，寶使勘查，襄陽至漢口不能通輪，請改為懷慶經正陽關（安徽）以達浦口。八月二十日，御史張荀鶴亦奏稱澤襄有碍京漢，以改道懷浦為宜。然總署則謂遠跨豫皖，實已斜亘南北，隱然增一幹路，與英使爭折數十次，不之許。二十八年，福公司開辦豫省修武縣轄之焦作鎮煤礦，稟明豫撫，准由礦地建造鐵道，至濬縣轄之道口鎮（衛河水口）。路線分兩段，一由道口至清化鎮，一由清化鎮至山西澤州府，名曰澤道鐵路，先修道清一段。二十九年五月，英使復向外務部聲清❶，將澤道由福公司代為借款，做正太辦法，經督辦鐵路總公司大臣盛宣懷，根據合同力駁，卒由該公司自修。三十一年正月，該公司以所開澤煤盛礦廠，掘深至六十餘丈，用銀至六百餘萬兩，仍未出煤，深恐將來無法養路。豫撫陳夔龍又迭向公司交涉，祇准專運煤鐵，不許招攬晉南、豫北客貨。本路收入異常短絀，乃密商英使，要求外務部及盛宣懷，將道清已成之路，歸併鐵路總公司辦理，以建造費作為借款。二月初

---

❶ "清" 當為 "請"。——編者註

五日，由盛派詹天佑，查明產業，核實估價，行接收禮，實則公司浮報一成以上，詹未之察也。六月初一日，盛乃與福公司代表哲美森，訂立借款合同二十一條，行車合同十條，全案結束。然本路實權，迄今均握英人之手，政府所派監督或局長，皆仰洋總管鼻息，如海關監督於稅務司云。

展線之議，始於民國五年，因道清應還本息無着，向福公司展期。福公司要求展造自清化鎮起，西北至平陽、西南至孟縣兩線，討論多次，經交通部允准。但清平一線，須俟歐戰完結，方可開議實行辦法。尋福公司迭次催議，而山西督軍省長省議會，均電阻。國會亦提質問，僉以山西商務局前許該公司之造路權，業經光緒三十四年贖回，不應再有展築。其後交部與福公司，再四磋商，僅允議定清孟，於九年十二月十六日，由交長葉恭綽、財長周自齊與福公司總董堪鋭克，訂立借款正合同二十八條（草合同訂於八年十月三十日），但該債票迄未發行，後由該公司先墊三十餘萬元，築造土方云。

## 二、工程

本路所經，均屬豫北平原，工程極其容易，為各路所罕見。道口至待王及游家坎❶至新鄉枝線，光緒二十八年興工，二十九年十二月竣工。接修待王至柏山村，三十年十二月竣工。柏山至清化鎮三十二年六月竣工，共歷四年有六月焉。在距道口鎮約一英里之三里灣，築有碼頭，連絡衛河水運。於焦作鎮設有機器廠，能改造客車、貨車。全線有鐵橋七十三座，石橋十三座，木橋八座，此其工程大較也。

---

❶ "坎"當為"坟"。——編者註

### 三、路線里程

本路自道口經衛輝、新鄉、修武至清化鎮，均屬單軌，共十八站（站名詳後“各路站名里程總表”），長一五公里，又岔道二八公里四〇。其枝線自游家墳至新鄉新站，亦係單軌，計兩站，共二公里四四，又岔道二公里九七，總延長一八三公里八一。

### 四、沿線礦產

本路與正太，皆由外人震於晉豫礦產，取之不盡，要求修造，故沿路煤礦，非常豐富。福公司經營之焦作煤礦，面積達一百六十九方里，礦工達一萬人，每日出煤四千噸。他如修武縣桐樹溝李河一帶之中州公司、修武縣寺河村之豫泰公司、懷慶府常口驛、老君廟之明德公司，出產亦達多額。觀該三公司曾合組中原礦務公司，以與福公司競爭營業，福公司願與之妥協，仿灤平先例，合組福中公司，以免無謂之競爭，卽可知其力量矣。

## 第六節　正太鐵道

### 一、沿革

當蘆漢之復築也，晉撫胡聘之以張之洞曾奏明利用晉鐵，且正定、太原間，如造一路，卽可與中原大幹線相接，發展自可豫期，因於光緒二十二年五月初，奏請興修，二十八日旨准，卽商請華俄道勝銀行，派法人費浮勒（Hivmnait）測勘。二十三年四月二十六日，奏明測勘情形，並懇與該銀行，商訂借欵合同。六月初九日，奉諭，准如所請。二十四年閏三月二十七日，諭令速辦。四月初二日，晉撫郇派山西商務局，與該銀行璞科第，簽訂正約於總理衙門，計借二千五百萬佛郎。二十六年九月十二日，奉旨批准。俄人歷謀正太之野心，至是如願相償，旋以拳亂未及履行。二十八年五月十八日，晉撫岑春煊以該銀行請賡續舊約，復奏速修柳太，改訂合同，並歸併蘆漢總公司辦理，奉旨，外務部會同路礦大臣議奏。七月初六日，外部及路礦大臣會奏，請飭督辦鐵路總公司大臣盛宣懷，與道勝銀行，另訂詳細合同。九月初二日，盛奏稱，經與道勝銀行總辦法人佛威郎，議訂四千萬佛郎借款合同二十八欵，及行車合同十欵。奉旨，外務部覆奏。十一日，外部奏稱，係比照蘆漢合同辦理，尚屬實在。十二日，奉諭准行，卽由盛與佛威郎將兩合同畫押。日俄戰起，俄將此項借款權利，讓與法國中國鐵路工程行車法公司，故迄今本路，除局長外，各處首領及總工程師，均屬法人，經營及會計監督實權，全握法人手中，運輸實權亦然，蓋與道清同為失權之鉅者也。

## 二、工程

本路橫越太行山脈，峯巒叢錯，溪澗紛歧，工程之難，除滇越外，殆無其匹。石家莊海拔，不過二百呎，娘子關則三千五百呎，太原降為二千六百呎，因此斜度頗大。且鑿山洞二十三座（最深者四百八十餘公尺）。石家莊至太原，直徑不到百二十哩，以避艱鉅，取道山峽谿流，迂迴曲折，竟達一百五十一哩，且只能鋪窄軌（寬一公尺，合營造尺三尺一寸四分）。白王莊至陽泉一段，工程尤稱最難，全線二十三座山洞，位此段者計十四座。又壽陽、盧家莊間，地勢低隘，每年夏季，山洪暴發，水患特多，填高築堤，亦大費事，全線鐵橋一四二座，石橋五四四座，工廠凡三，總廠設石家莊，陽泉、太原，各設分廠。全線營造工程，分為六段，興工於光緒三十年四月，竣工於三十三年九月，凡歷三年有半，旋由郵傳部奏明，派員驗收。

### 三、路線里程

本路起石家莊，西經獲鹿、井陘、娘子關、陽泉、壽陽、榆次至太原，均單軌，共三十四站（站名詳後"各路站名里程總表"），長二四二公里九五〇，岔道凡九二公里四八〇，共延長三三五公里四三〇。獲鹿為有名商場，東西往來孔道。井陘富煤礦，又多菓樹。陽泉產鐵器。壽陽多農產品，榆次產棉花，將來同成路成，與之銜接，實握三晉之中樞焉。

### 四、沿線礦產

本路以煤礦要區著名，在井陘、陽泉、賽魚等處，有井陘、正豐、民興、寶昌、保晉、中富、富新、龔易增、義合、新順、閣東來、慶義、亨寶和、四合、成吉、成萬、慶福、順安、吉成、福義、謙源恒、富華、全新、全盛、源順、五華、新東、新家昌、牛華新、保長、義合華、郭豫堂、郭德成、董成保、全新、福成、義成、宋寶成、三普、宣地、公義、成寶、成合、華子新、保新、南新、寶成、北寶成、中和、段成義、義順、三義德、戴大生、關順、德成、五成等五十七家，每年產額百餘萬噸，煙煤較煤塊為多。礦區已開採者，惟井陘最大。井陘煤礦位於本路南河頭站西北約十英里，面積長三十里，廣約八里，四面環山。桃河自娘子關來，經井陘縣城南，下注滹沱河。桃河北有鳳凰嶺，分煤礦為二區，嶺北卽岡頭村（距井陘城約二十里），屬井陘礦務局；嶺南卽井陘縣城，城西南二里之黃家溝，屬正豐公司。嶺西有北彪村，屬井昌公司。他如南陘

（井陘城北五十里）、北陘（南陘之北）、白彪（縣城東北三十里）、洪岸（縣城西五里）、順道地（城北十五里）、板橋（城西南十里）諸礦，皆用土法開挖，計其全部出煤，每日不過十五噸至二十噸，不若井陘、正豐諸家，用新法產額之鉅大也。井陘公司舊為中德合辦，自對德宣戰，驅逐德技師漢納根（Honneker）收歸農商部管理，所產之煤，先由協豐公司包銷。民國九年八月，直系某要人強以通益公司代之云。

## 第七節　滬寧鐵道 <sup>附淞滬鐵道</sup>

### 一、沿革

本路起原於淞滬，當清同治十三年，英商怡和洋行以上海、吳淞間，商務日盛，交通頗感不靈，特造鐵道一線，於光緒元年四月竣工。惟時國人謠諑四起，加以二年三月，列車撞斃一兵，至成國際交涉。清廷命直督李鴻章相機辦理，九月，李派盛宣懷，商承江督沈葆楨，出款購回。三年九月折❶毀（以上參閱第二章第二節）。自是南方鐵道，無人議及，垂二十年。逮二十二年九月初，南洋大臣援北洋興修軍務鐵路之例，奏請創辦吳淞至金陵鐵道。是月二十五日，直督王文韶、江督張之洞會奏先造淞滬，後築滬寧，以瑞記借款所餘二百五十萬兩及直隸海防捐五十萬兩為資金，歸併鐵路總公司辦理。十月初五日旨准。二十三年十二月興工，其明年十月竣工，十一月開車營業。會英政府以俄、德、法均在我國獲有多數路

---

❶ "折"當為"拆"。——編者註

權，特電駐華寶使，於是年閏三月初四日，向我總理衙門以最惠國及利益均霑之理由，索辦滬甯，詞色俱厲。總署允之，於二十三日，命督辦鐵路總公司大臣盛宣懷，與英銀公司訂草約二十五條。銀公司立派工程師瑪禮遜等，測勘路線，估計工費，於二十六年五月竣事，值英有杜蘭斯窪之戰，我有拳匪之亂，致未實行，二十八年七月，銀公司舉上海英領事碧理南與盛議訂詳細合同二十五款。其明年二月十七日，經張之洞、恩壽暨盛，以改照粵漢美款辦法，增益權利等語奏明，五月十四日旨允。閏五月十五日，由盛與銀公司簽押。八月，派英人格林森為總工程師，開始測勘。三十年九月初一日，照借款合同第二十三條，收還工價銀一百萬兩，將淞滬歸併辦理。三十一年二月，商部以所開款項，較原估多至一百五十萬磅，飭局詳細開報。三十二年二月，盛交卸督辦，以外務部侍郎唐紹儀代之。四月，蘇紳王同愈等請商部代奏，核減借款，銀公司所擬於原合同外，另賣小票一百萬磅，毋庸續賣，如款不足，由蘇省自籌。九月二十九日，唐以工款不敷，向銀公司續借六十五萬磅，十月初十日簽押，一切條件照前合同，惟實收增至九五焉。顧前合同條件之酷，甲於英在長江流域各路借款合同，茲節錄唐紹儀接收滬甯奏摺於下，以資參考。

　　（上略）滬甯合同吃虧，比京漢鐵路為甚。其最棘手者，在設立總管理處，華員一人，洋員三人，每屆會議，彼眾我寡，已佔低著。若華員不通英文，會議時不能逞其辯舌，機宜坐失，即諳英文者，亦須明敏堅忍，始克勝任。議者故有添舉監督之說，不知權在總管理處，合同早已訂明，雖有監督，實不濟事。其尤棘手者，財政之權，操於洋人掌握，用款雖由華員簽字，而司帳者為洋員也。分段司帳，其支發權又在工程司，購料事宜，又由怡和洋行經手。行車總管，皆洋員所專司。以彼眾我寡之因，故成事事掣肘之果，此臣接收後，查悉向來受病最深之處也。合同載明總管理處辦事章程，由督辦會商英公司訂定。臣審知挽回補救之術，捨此無從下手，即擬定章程，飭鍾文耀與英公司商訂。至整頓財政事宜，臣接任之始，與商部原奏先行報部核准，方准開支之法，極相脗合，深以為提綱挈要，莫重於此。除購地用款向由華員主政者，自當遵照部議外，其總管理處工程用款，細繹原訂合同，祇聲明用出各帳，三個月後，轉咨各部存案。此時若強與英公司爭辯或逕錄原案函知，彼若按合同駁回，適於政體有損。與其行法而致生阻力，不如用人而徐收主權，故總管理處司帳員，飭令加派華員；分段司帳繙譯，飭由華員黜陟；怡和代購材料，亦改由總管理處自購。行車總管、材料總管，均飭令添設華員。總管理處總辦，擬改派熟諳工程之道員施肇曾。購地收支，擬改派精於核算之道員于竣年。蓋必任事有人，然後權不外溢，此臣接收後擇要補救之大綱也。（下略）

## 二、工程

本路除丹陽、鎮江以西，時有丘陵起伏，鎮江附近砲台山麓，曾橫穿山洞，長達一‧三三二呎，南京附近亦有山峽崎嶇，餘皆平坦，工程不難。惟上海、鎮江之間，港汊縱橫，渠洞橋梁，隨地而有。全線鐵橋二百六十四座（青陽江橋最大），石橋四十五座，滬錫之間，竟佔一百六十四座，雖無大橋，然亦架設費事也。又滬蘇間路盤及砲台山山洞，均備舖設雙軌，寬達三十英尺，加以修造路盤、選擇鋼軌、建築車站，皆取範於英國模範鐵道，工程悉求精善。鐵路用地，地價之昂，甲於各路，遷墳、拆屋兩費，達七十萬元，故平均每公里費至七二‧一九八元。自光緒二十九年八月，測勘完畢，四段同時興工（南翔至無錫、無錫至常州、常州至鎮江、鎮江至南京），至三十四年六月，全線告成，凡歷五年有半。機器廠在吳淞，附屬營業，有上海、蘇州之電燈廠云。

## 三、路線里程

本路起上海北站，經蘇州、無錫、常州、鎮江至南京江岸，現均單軌，凡四十站（站名詳後"各路里程總表"），長三一一公里四二，岔道七六公里八八，共延長三八八公里三〇。又滬甯滬杭甬接軌，由北站至麥根路，凡三公里二〇三，枝線有二，曰淞滬，曰甯城（甯城詳後第十四節）。

### 淞滬枝線

自上海北站起，經天通庵、江灣、張華濱、蘊藻濱、吳淞鎮，至砲台灣，亦屬單軌，共七站，長一六❶公里九〇。費銀一‧〇九四‧一九一兩，初本國帑所造，滬甯借款合同成，即歸併於滬甯也。

---

❶ "六"字後有一空格。——編者註

此外，現擬添造通湖枝路一條，由無錫站至太湖濱大渲口，與錫湖（無錫至湖州）輪船連絡，擬設吳橋、河埼口、大渲口三站，已測量竣事。

## 第八節　滬杭甬鐵道 附蘇路 浙路

### 一、沿革

本路初名蘇杭甬，即清光緒二十四年，准英商承辦五路之一。是年九月初一日，由督辦鐵路總公司大臣盛宣懷與代表銀公司之怡和洋行，訂草合同四款，聲明悉照滬甯成例。二十九年四月二十八日，盛函銀公司代表碧利南，限以六個月內，勘路估價，否則廢約。五月初五日，覆稱遲速之權，操自中國。無何，浙人李厚祐稟請，集資自造江干鐵路。適商辦之議，是時風靡全國。銀公司始重視廢約，屢催盛議正約。浙紳因爭廢約愈力，於三十一年七月，發起籌辦全省鐵道。由商部奏派湯壽潛、劉錦藻為總協理，八月，御史朱錫恩等奏浙路既歸浙辦，該草約已延七年，請飭盛速廢，清廷迫盛。九月，盛電商部，催英使飭銀公司議廢約，銀公司請緩，十月十四日，樊恭煦等呈浙撫瑞興，電外、商兩部，奏請嚴飭盛，立廢之。十二月，盛又催銀公司，三十二年正月得覆，稱英使與外部逕商，盛覆駁之。二十三日，總協理湯、劉電政府，草約應行作廢。二十八日，江浙士民公電商部，請堅持，勿任英人干涉，浙撫亦照電外、商兩部主持，外部以廢約勢在難行，只言收回自辦，或易就範覆之。四月，銀公司代表濮蘭德催勘路線與滬甯鐵路大臣唐紹儀磋商，仍持不能作廢之說。京官孫寶琦等呈商部，謂浙路集股極多，且已開始勘路，應死拒。閏四月，唐據濮言呈商部，覆以明奉上諭，收回自辦，未便承認草約，且股已有着，無須借用外債，議仍未諧。五月十三日，商部奏准浙江鐵路章程，並所擬路線。六月十五日，英使照會外部，指該路線北至蘇滬，經過湖墅；東至甯紹，經過江干，與前約違背，並指蘇省所擬蘇嘉一段，亦與成約不符。八月又送催辦法，經外部再三商榷，始允俟廣九約定再議。十二月浙路公司呈明，先辦江墅。三十三年正月二十三日，郵傳部左侍郎唐紹儀與中英公司，簽定廣九正合同。二月三十日，英使朱邇典照會外部，派員議蘇杭甬正約，覆以俟駐英使汪大燮到京再議。六月，汪接議，分修路、借款為兩事，未竣，汪赴英，侍郎梁敦彥繼之。八月，與銀公司定議，路由中國自造，除華商原有股本儘數使用外，即向銀公司籌借，另指的款抵押，公司不能干預路事。九月十四日，外部奏准，借款一百五十萬磅，然蘇浙堅不承認，電請部借還，與路無涉，所謂江浙拒款運動，極其壯烈。二十三日，郵部電蘇、浙撫及兩路公司令舉代表入京，籌議辦法。十月，蘇舉許鼎霖、王同愈、楊廷棟，浙舉孫廷翰、張元濟為代表，向郵部提議九款，經商定，以該款作為部借，轉借於蘇浙公司，為調停辦法。三十四年二月初四日，經外部右丞胡惟德、右參議高而謙、鐵路總局局長梁士詒，與濮蘭德訂定借款合同二十四款，同日奏准簽押。三月十五日，郵傳部奏訂江浙鐵路公司存款章程，聲明所有該合同中之折扣、餘利、傭金及虛息等，由該部暨江浙督撫先墊，俟江浙兩公司獲有餘利時歸還，於是路事始定。

自浙路奏明商辦後，蘇亦繼起。光緒三十二年二月，蘇州商會倪思九等首唱，阮惟和繼之。四月陸潤庠、惲毓鼎，先後函呈商部，請辦蘇路，公舉王清穆等為總協理，由部奏准。五月，派陳瀚、范其光勘路。七月，呈准加派王同愈、許鼎霖為北路協理。十一月，商辦蘇路公司章程立案，並聘日本留學生為工程師。三十三年正月，實行開工。三十四年，呈報勘築蘇路各線情形，略謂南由上海至嘉興，曰滬嘉線；由蘇州至嘉興，曰蘇嘉線；北出清江至徐州，曰清徐線；至瓜洲，曰清瓜線；至海州，曰清海線。先築滬嘉，餘以次籌辦。總公司擬設上海，股本二千萬元。宣統元年正月，滬嘉全竣，部派詹天佑驗收。北線清江浦至楊家莊三十里，於三年正月告竣，用銀七十餘萬兩，公司以經費不敷，無由展築，五月呈郵部，募債接濟。惟時部議，幹路均歸國有。該線適在部定幹線開徐海清之內，因議收歸國有。閏六月初五日，派阮惟和、沙海昂等，估價接收，（今劃歸隴海）。民國二年，公司感籌款困難，而滬杭甬借款，英人不許挪用鐵道以外，擱存匯豐銀行，因於四月二日，開股東大會，討論國有問題，多數贊成國有，卽公舉代表楊廷棟，與交通部磋商。六月十二日，由交長朱啟鈐與楊簽定接收合同十三條，公司允將滬嘉（上海至楓涇。）讓歸國有，所有股本債款六百八十餘萬元，由部如數歸還，換給有期證券，分五年交清。二十五日，呈明大總統，隨派滬甯局長鍾文耀兼充滬嘉局長，先行籌辦接管事務，於三年一月一日，正式接收，改名滬楓，其贖路款，由滬杭甬借款項下劃撥。二月十四月，朱啟鈐與中英公司代表梅爾思特訂立《贖回上海楓涇鐵路條約》六條，蘇路自是變為國有矣。

蘇路既歸國有，浙路亦滬杭甬一段，勢難立異。惟商辦各路中，工程速，用費少者，實以浙路為最，故雖元、二年間，公司與交部迭經磋議，而妥協無期。洎蘇路解決，適浙路財政，已竭蹶十分，交部亦因滬杭甬借款關係，亟謀收回，以資結束，始互相遷就，積極進行。三年二月一日，公開股東大會，議決國有，當舉代表虞和

德蔣汝霖等，與交部於四月十一日，議定接收合同十三條。以已經
營業之杭楓線、江干至拱辰橋線、甯波至曹娥江線，未築之杭州至
曹娥江線及擬築之甯波三北枝線，悉數讓歸國有。所有股本、債款
一千六百餘萬，由交部分三年照數還清，先給有期證券。同日呈明
大總統，並以成績昭著，特獎給湯總理現銀二十萬元。六月二日，
交部派鍾文耀兼甯嘉局長，接收浙路。九月十九日，朱啟鈐與梅爾
思特復訂收回滬杭甯之浙路條款，取消滬楓甯嘉名目，正名為滬杭
甯鐵路。設總局於上海，仍以鍾兼充局長。五年十二月，滬杭、滬
甯接軌工程告竣，兩路遂得相互通車。

## 二、工程

本路所經，全屬平原，無須開鑿山洞。小河碁佈，架橋雖多，
然鮮大橋。滬甯之間，鐵橋二十六，石橋十四而已。全線所用鋼軌，
購自漢陽鐵廠。機關車車輛，採自美國，代價甚廉。枕木購自日本，
亦非上材。鐵橋工程，以省費故，未附保險，因此交部接收以後，
曾逐加以改良。興工於光緒三十二年十一月，竣工於民國元年十二
月，凡歷六年。將來如造杭州至曹娥江一段，則錢塘、曹娥兩大鐵
橋，須費必鉅，不若已成者之容易也。工廠初有上海、拱辰橋、寧
波三廠。民國六年冬，滬廠併入拱辰橋，旋於閘口改建總廠，七年
廠成，將常玉鐵路機械及甯廠所不用者，悉移其中。分廠設甯波，
仍浙路公司舊物。此外閘口有電汽廠，設於民國七年。莫干山有鐵
路旅館二家。三橋埠至莫干山之小輪三艘（武康、杭州、康寧），則
皆路局附屬營業者也。

## 三、路線里程

本路已成者分為二段。一，自上海南站起，經松江、嘉興、杭州

至錢塘江岸之閘口，均單軌，凡二十五站（站名詳後“各路站名里程總表”），長二〇二公里六六，岔道四五公里七里，共延長二四八公里四二。二，自甯波起，經慈谿、餘姚至曹娥江，亦皆單軌，凡十三站，長七七公里九〇，岔道一五公里六〇，共延長九三公里五〇。枝線有二：曰艮山門至拱辰橋，單軌，二站，長五公里八八。拱辰橋位於杭州城北，為航行上海、蘇州運河小輪之終點，日本於其地闢有租界。他一枝線，由漳橋至白沙，凡三英里，屬甬曹段者也，本路營業，以水運競爭之故，收入以旅客為大宗，與滬甯情形全同。

## 第九節　廣九鐵道 附九龍英段

### 一、沿革

本路亦清光緒二十四年，英使竇納樂要求五路之一。是年閏三月二十三日，由督辦鐵路總公司大臣盛宣懷與英怡和洋行，訂立草約五條，一概倣照滬甯辦法。二十五年二月二十七日，經總理衙門奏准，旋以拳亂擱置未辦。三十一年，英使薩道義迭向外部催訂正約。當由外務部於三十二年二月，派左侍郎唐紹儀，會同粵督特派員龔心湛等，與中英公司代表濮蘭德，在京議定借款合同二十條。十二月二十五日，郵傳部會奏，奉旨依議。三十三年正月二十三日，雙方簽押。惟時廣東紳商因見粵漢贖回，羣起爭求廢約。以約中第十五條，有中國不得於本路修造平行線，妨害本路利益一語，與廣東商辦廣廈鐵道（後改名惠潮）計劃，多所障礙，爭之甚力，無如外部不主持，疆臣不贊助，卒蹈蘇爭滬甯失敗覆轍。僅獲提出百五十萬磅債票半額歸粵人購買，與十二年以後，還清英債本息，卽歸華商辦理之結果而已。本路沿線，素稱天府，地價較各路略高，故建設費昂。

## 二、工程

本路分華界、英界兩段。華段自廣州東郊大沙頭起，沿珠江而東，於石龍渡東江，折而南，至九龍租借地界深圳，沿途平坦，無庸鑿洞。架橋雖多，除東江橋長千二百呎，及其支流一橋九百呎外，餘皆小橋。英段工程極難，自深圳至九龍，沿途山嶺重疊，且地質均屬岩層。雖無大橋，而山洞鑿至五處，共長八‧七九四呎，以畢科山（Beacon）一洞為最大，長達七‧二五六呎，費二年有四月，始鑿成，五洞工費，三百七十萬餘元，佔全線建設費十分之三而強。最初預算六百八十萬元，洎路工完竣，共費一千餘萬，平均每哩達五十萬元。又粉嶺枝線，費去二十五萬八千元。九龍填海築碼頭，費去六十萬元。華段由英借款修造，英段由英自修，深圳鐵橋、北岸橋墩由華造之，南岸橋墩及橋梁由英造之，兩段於光緒三十三年七月十三日同時興工，華段竣工於宣統三年二月十三日，英段亦於是年八月初七日竣工，凡歷四年一閱月而弱。華段機器廠在大沙頭，英段在九龍。華段鐵橋二十座，木橋九十八座，英段不詳。

## 三、路線里程

本路起廣州東郊東大馬路大沙頭，東南行，經番禺、增城兩屬地，至東莞縣屬石龍鎮，再南行，至寶安縣屬深圳止，均單軌，預備單軌路基，凡三十一站（站名詳後各路站名里程總表），長八九英里七三，岔道一二英里七二三，共延長一〇一英里七六三，連英段併計，總延長一二四英里強。英段車站凡八（橋梁最長者在大埔，

31

計二百呎），有自粉嶺站經孔嶺、禾坑、石涌凹，至大鵬灣沙頭角枝線一條，乃二呎狹軌之軍用鐵道，長七英里有半。又廣九與粵漢連絡之環城枝路，約長十哩，廣東粵漢鐵路公司曾有修造計劃，惟迄未實行焉。

本路將來北連粵漢、京漢兩線，固吾國南北最大幹路，經濟上之價值，遠非他路所可及，但英之要求修造，非在經濟的關係，全然政治的意義，專以旅客運送為業者也。九龍與香港，隔一衣帶水，棧橋、輪渡、堆棧，設備極其完備，水陸連絡，尤稱便利。然輪船、民船，運價低廉，貨物多不由車輸送，益以華段釐卡重疊，更無願出其途者，九龍因是不能發達。沿線市鎮，英段地皆荒瘠，除粉嶺有通大鵬灣軍用鐵道，大埔墟為軍事要塞區域，附近山巔，均築砲台。深圳為中英分界，駐紮兩國軍隊，稍見重要外，餘無可稱。華段則多繁盛市鎮，石龍尤綰東江往來總匯之樞，人口十萬，商業盛於東莞縣城。廣州首站，以僻在東隅，無可稱焉。

# 第十節　吉長鐵道

## 一、沿革

當清光緒二十四年，俄索東清鐵道之時，卽欲吞併本路，造為東清枝線。二十九年，東清代辦達聶爾屢催當道訂立草約。經吉林將軍長順嚴詞拒絕，並用候補知府王述之策，決計自辦。東清固竭力破壞，資金亦不易籌，未幾，俄日失和，其議遂寢。三十一年五月，將軍達貴又奏請自辦，並指撥度支部銀八十萬兩、吉林銀元廠項下七十九萬九千餘兩，為建造費，委宋春鰲採辦材料。八月初七日，日俄和議成，簽訂有關東三省事宜正約七款，附約十二條，並於十一月二十六日，在北京與我政府會同簽名蓋印。其會議節錄內載，長春至吉林省城鐵道，由中國自造，款如不敷，允向日本貸借，以半數為度。三十三年三月初三日，外務部大臣那桐與日本全權大臣林權助，簽訂收買新奉暨自造吉長條款七款，由外部奏陳辦法，並咨郵部籌辦。十一月十八日，郵部奏派羅國瑞等，與日本技師，會勘吉長路線。三十四年十月初五日，郵諭奏派鐵路總局局長梁士詒，與日使館一等書記官阿部守太郎，根據前約，訂定新奉吉長借款續約七款，十九日簽押，吉長借日金二百十五萬元。吉省紳民聞訊，羣以利權外溢，力爭廢約，並組吉林鐵路公司及公民保路會，以自辦請於當道，未經邀准，旋卽消滅。

　　宣統元年六月十一日，郵部派朱獻文、張鴻藻，會同京奉總辦盧祖華，與南滿理事野村金五郎，訂立吉長借款細目合同十二條。九月，日本派曲尾辰二郎為總工程師，內垣實衞為總會計；郵部奏派傅良佐充總辦，顏世清充會辦。十月二十日，開工設局，三年十月，改派孫多鈺為總辦。民國元年十月二十日，全路通車，而土們嶺山洞，尙未開鑿。六年十月，政府依據四年五月二十五日，中日所訂二十一條之南滿洲及東部內蒙古約第七條，與南滿會社改訂吉長借款合回二十條，連前借款，共借日金六百五十萬元。十月十二日，經財長梁啟超、交長曹汝霖，與南滿理事龍居瀨三簽字，又協定借款細目合同十三條。七年一月，南滿會社派運輸主任兼代表村田慇磨，偕工務、會計兩主任到局，行交代禮。另設代表室，直轄運輸、工務、會計三處，引用日員二十餘人，分踞要職，營業實權，全被攫去。以前路款，由交通銀行經理，亦於二月一日，改歸日本橫濱正金銀行之長春分行矣。

## 二、工程

當清光緒三十一年，宋春鰲籌辦之時，曾測勘二線。第一線由長春街，經放牛溝、馬鞍山至吉林；第二線卽今路線，蓋經羅國瑞等會勘，以第一線形勢艱險，不易營造也。全線工程，以土們嶺山洞為最難。民國七年十月一日興工，九年六月三十一日始成。屢改其設計，足徵其艱鉅也。洞長一千六百英尺，費銀二十七萬三千四百六十二元。當未鑿成以前，貨物列車於土們嶺、超家店間，駛行便道，頒分三次分運，故自長春至吉林，一日不能往回六次以上，今則每日可自由往回十二次矣。自清宣統元年十二月初二日，行開工禮，二年正月十五日分二隊實測，三月十五日測竣，五月開工，分全線為十五區。民國元年十月，全線告成，連土們嶺山洞工程，共歷四年九閱月焉。全線鐵橋九十座。伊通河橋最大，長四百八十呎；飲馬河橋次之，長三百六十呎；樺皮廠橋又次之，長一百呎。工廠設在長春，與南滿鐵道，連絡於長春頭道溝。並造有連絡線，與松花江水運，連絡於吉林省城，已建有碼頭。如依日人計劃，造成吉會與彼清會線接（會甯至清津港），則我吉林全省已成日本囊中物，本路危險，更在安奉鐵道上矣。

## 三、路線里程

本路自長春等道溝東行，渡伊通河，經卡倫、下九台、樺皮廠，至吉林省城，凡二十四站（站名詳後各路里程總表），均系單軌，長一二七公里七六，又岔道三一公里五六，共延長一五九公里二二。沿線中有十餘站，均屬荒野，無屯貨物之處。近年，下九台闢為商場，漸成糧食集散之大市鎮。全線營業歲臻繁榮，民國十一年，進款已達三百萬元云。

### 四、沿路礦產

本路沿線，礦藏極豐。已開採者，馬家溝有東原煤礦公司，採無煙煤，礦區七百五十四畝，已出四千三百餘噸。距營城子站十五里大石子嶺，有裕吉煤礦公司，礦區六百餘畝，已出三千餘噸。距營城子站七里，又距下九台六里，有銀礦山，清康熙間，曾經開採，現吉林玻璃公司，就其地取原料焉。

## 第十一節　四洮鐵道<sup>附洮昂</sup>

### 一、沿革

本路卽光緒末年，清廷所擬錦璦鐵道之一段，當時以俄人爭辦，勘而未修。泊民國二年十月，袁政府與日本訂定《滿蒙五路借款大綱》，中有四洮一路，應首先興修，未幾，歐戰勃發，金融緊迫，遂於四年十二月二十七日，由交長梁敦彥，先向日本橫濱正金銀行，訂立四鄭五百萬元借款合同二十六條，作為四洮之首段。六年十一月，四鄭告竣。七年，日使敦促展築鄭洮，以符舊約。復由交長曾毓雋於八年九月八日，與南滿鐵道會社，訂四洮四千五百萬元借款合同，條件均照四鄭合同。惟時債票未能發行，由該會社先墊日金五百萬元，以應急需。九年五月十一日，交長曾毓雋呈准，依據四洮借款合同，暫由南滿訂短期墊款一千萬元，續修鄭洮，並改四鄭路局，為四洮路局。十一年五月三十一日，交長高恩洪又向南滿續訂短期借款，日金一千三百七十萬元，以還八年墊款五百萬元及四洮工程之用。十二年十二月，四洮全線，竣工通車。鄭家屯至通遼枝線，則於民國十年十一月，先通車矣。

十四年冬，由洮南展築至昂昂溪，欲橫斷中東鐵道，直達齊齊哈爾，操縱北滿運輸權，使集中於大連。十五年一月，洮南至鎮東關一段，即已通車。四月更由鎮東關，經東屏街、基太來、五廟子，至江橋。六月嫩江橋成，遂直達昂昂溪，至七月一日，全線正式通車矣。

## 二、工程

本路所經，概屬平原，雖間有二三砂邱，亦無多費削平之處，工程極其容易。惟曲家店以西，五家子以南，通過遼河及其支流，地多低窪，頗虞氾濫。選擇路線，填築路基，頗費匠心。架設橋梁，亦達四十九座，而鄭家屯、三江口兩遼河橋及曲家店河橋，尤本路工程之最難者。遼河兩橋，各長二千餘呎，曲家店橋亦達四百餘呎，四鄭段，於五年七月始開測勘，九月底測竣，六年四月興工。雖七、八月，值遼河秋漲，水災劇烈，工程頗受損失，然至十一月末，全線仍告成功。工程易而速，為全國各路所未見，且各橋梁除遼河兩橋正橋用鐵外，餘均木製，故建設費，每哩平均不過六萬二千餘元，祇廣九英段八分之一。鄭洮段十一年六月興工，十二年十一月告竣，連鄭遼枝線工程併計，共歷二年有八閱月而全線成。洮昂一段工程，推嫩江鐵橋為最鉅，且夾江數十里間，地勢低窪，易遭水患，填高築堤，亦頗費事，此外皆屬平野，甚易易耳。洮昂車輛，刻猶租自四洮，致兩路車輛，不敷分配，不能輕減運費，日人正謀增加車輛云。

## 三、路線里程

本路起南滿鐵道四平街站，經泉溝、八面城、曲家店、傳家屯、三江口、一顆樹、鄭家屯、臥虎屯、玻璃山、茂林、三林、衙門台、金山、豐庫、太平門、邊昭、開通、鴻興、雙崗、黑水，至洮南，連非營業站之總局站併計，凡二十三站，長三一二公里三。枝線一，曰鄭遼，自鄭家屯起，經白市、歐里、門達、大罕、大林、錢家店，至通遼（土名白音太來），凡八站，長一一三公里七。本路總會計、行車總管及養路工程師，均屬日人，種種實權，均握日人手中。交部所派局長畫諾而已。自實質言，直為南滿鐵道一枝線，日本侵略我內蒙古之大本營耳。通遼當入熱河孔道。鄭遼枝線，日人目為經濟線，其價值可知。洮南位洮兒、交流兩河合流之處，東南距伯都訥四百二十里，東北至齊齊哈爾五百里，西北達突泉二百里，為奉天對蒙第一線，政治經濟上之重要，視鄭家屯有加焉。洮昂通車以後，北滿農產物，可經四洮、南滿兩路，逕向大連出口，不必繞道赴海參崴，宜夫新任中東俄局長，迭向黑督吳俊陞嚴重交涉也。

## 第十二節　株萍鐵道

### 一、沿革

本路產生於萍鄉煤礦，初實一大運煤鐵道也。當清光緒二十四年，鐵路總公司督辦大臣兼督辦漢冶萍事務盛宣懷，以萍煤產量極多，而運輸機關，全恃人力與淥江民船，絕不濟事，特會同鄂督張之洞，奏撥官款，興築萍醴。二十九年七月，萍鄉、安源至醴陵陽三石開車，煤由此下淥江，浮湘江以達漢口，然河窄灘多，猶未便也，因復奏請展築醴昭（湘潭昭山）。三十一年十一月，陽三石至湘潭、株洲告竣，始於卸車後，可逕下湘江。其未成者，僅株昭一段耳，會粵漢鐵路湘公司，以株昭有妨粵漢正幹，力爭於朝，經郵傳部與盛商議讓之，遂以株洲為終點。初本路由萍礦公司經營，其建造費則純係鐵路總公司所撥。當奏銷時，外務部度支部及路礦總局以賬多含混，頗非難之，經盛詳覆，始獲核准。而郵部則以款由官出，不宜隸諸商辦公司，遂於三十四年三月初八日，奏准歸部管轄，是卽國有之權輿。民國三年三月三十一日，交通部與中英公司訂立甯湘鐵路借款合同，載明以庫平銀四百二十萬兩，將本路歸併該幹線，作最後之一段，曾由該公司薦披蒲司充養路工程師，以為履行合同之第一步。未幾歐洲戰起，該款迄未屆期交付，經部向該公司正式聲明，暫行停止其合同之實施期焉。

## 二、工程

本路工程分為兩段，萍醴自光緒二十五年八月初四日，派洋總工程師李治、副工程師馬克來及華副工程師羅國瑞等測勘，至十一月二十六日蔵事。醴株於二十九年七月初一日，派洋總工程師馬克來、副工程師休文及華工程師羅國瑞等測勘，至十一月初七日畢事。全線岡巒起伏，山地約佔百分之四十，萍醴為六，醴株為三十四。其低窪處，萍醴填土自二尺至二丈，醴株有至三丈五尺者。線路遵古大道而行，曲多直少，蓋以湘贛人民，素惑風水，不能強其讓地也。全線鐵橋三十八座，以醴陵城東陽三石橋為最大，長一百七十三公尺而強。石橋十一座，均以磚及三合土砌成。木橋五座，以萍鄉湘東橋為最大，長一百四十公尺二。工程最難者為陽三石鐵橋，圍堰砌腳，水流湍急，衝毀數次，歷四閱月，墩始竣工。建造費，平均每哩不過六萬八千七百餘元，在全國各路中，誠為廉費，惟以太節約故，設備多不完全。安源至老關大段，全依舊路整理，灣曲極多，列車搖動極大。全線車站九處，如安源、萍鄉、醴陵，號稱大站，設備尚屬簡易，其餘均依村鎮，因陋就簡，更不足論。萍醴於光緒二十五年八月興工，庚子拳亂，停工十月，至二十九年六月末，始竣工。醴株於二十九年七月初一興工，三十一年十二月底，工竣，凡歷六年有三月焉。機器廠設於安源。漢陽鐵政局備有運煤小輪三十五艘，拖船二百餘隻，往來株洲漢陽，接運株萍車運之煤，與株萍在株洲碼頭連絡（株洲有萍煤轉運局）。

### 三、路線里程

本路在清光緒二十九年，稱萍醴。其明年，展造至湘潭株洲，改萍潭。三十四年，議展至昭山，復易萍昭。宣統二年，郵傳部奏改萍株。民國元年，路由湖南交通司管，正名株萍，以至於今。全線跨湘、贛兩省，湘佔十分之六又一五，贛佔十分之三又八五。醴陵之東，老關之西，均以險要見稱，為歷年兵爭之地，故本路受害獨深。大宗土產，為安源之煤，醴陵之夏布、磁器次之，他無可稱。全路均單軌，凡九站（站名詳後"各路里程總表"），長九十公里五，岔道十公里八四，共延長一○一公里三四。

### 四、沿線礦產

本路為煤礦要區，在安源者，有萍礦、翕和、百煉、順發、作新五公司。在青山埠者，有集仁、集義、鼎福、元達、大通、厚生、利生、益豐八公司。在峽山口者，有永和、大順、富球、臨益、謙吉五公司。在風嶠者，有天順公司、柴煤、塊煤、油煤，各種均產。惟萍礦公司用西法，可日出三千噸，餘則均係土法，最多者亦不過歲出十萬噸云。萍礦公司礦區位萍鄉縣城東南十五里，已開採者，為天磁山脉中之安源山。天磁山高六百九十呎，其脉來自蓮花縣馬迹嶺，煤礦蘊藏非常豐富。安源山礦區，雖僅東西十里，南北二十里，但其礦脉，則亘東北約二百里。據德技師言，每年採百萬噸，可採至五百餘年云。煤質屬有煙，鮮揮發分，富粘結性，最適製造焦煤，火焰短而火力強烈，性質稍脆弱，多碎煤，少整塊耳。

## 第十三節　廣三鐵道<sup>附佛江枝路</sup>（尚未興工）

### 一、沿革

本路原係粵漢枝線，於清光緒二十四年，由美合興公司承造。初名三佛枝路，三十一年九月，經湘、粵、鄂三省，贖回路權，卽為三省鐵路公司所共有，於石圍塘設廣三鐵路管理局，廣三之名始此。規定資本五百萬元，組織有限公司，將每年餘利，分為七成，湘、粵各佔三成，鄂佔一成，歸三省鐵路公司，充香港借款還本付息一部分之用。民國二年八月，湘鄂路收歸國有，故該路湘鄂所佔股款，改屬交通部，惟粵路商股仍舊。決議部粵合辦，而由部主持。七年以後，路由廣東政府管理，以至於今，每年餘利七八十萬元，概行截留，未解交部。

### 二、工程

本路所經，地皆平坦，橋梁雖有二十座，實無大者。石圍塘至佛山鎮，舖設雙軌，枕木均屬鐵製。由佛山之街邊，至三水，則為單軌，枕木亦用洋松。首站石圍塘之對岸，卽粵漢黃沙車站，以小輪連絡，與省城客貨往來，亦由小輪駁渡。省佛興工於清光緒二十七年十二月，二十八年十一月工竣。佛三則竣工於二十九年八月，歷一年又九月告成。

### 三、路線里程

本路起粵垣對岸石圍塘，經廣東有名商業地之佛山鎮，至西、北兩江合流處之三水，長達一百華里，凡十八站（站名詳後“各路里程總表”）。路線雖短，客貨運輸，則極繁盛，而旅客尤多，為全國各路所不及。蓋廣州三北之間，水道迂曲極多，冬令水涸，且不能航小輪，故多改乘火車也。

民國十五年春，廣東建設廳長孫科根據廣三歷任局長建議，計劃拓築佛江枝線，便與甯陽鐵道接軌，發展四邑兩陽與廣州之交通，促進黃浦闢港之利益。當令廣三局長李作榮，派余懷德測勘，夏初測竣。由佛山經弼唐、瀾石、樂從、沙滘、水籐、龍江、龍山、九江，渡河，經沙田、天河、橫江、周郡、濠滘，抵北街，接甯陽，全長一百零三華里，可建六大站（瀾石、樂從、龍江、龍山、九江水籐）、八小站，沿線人烟稠密，產絲最多，通車以後，餘利必豐。惟沿線河流繁複，田塘極多，工程不免困難，且九江橋寬二千九百零五英尺，瀾石橋寬一千三百廿餘英尺，龍江橋寬九百英尺，其餘五六十英尺之橋尚有數座，然為全粵利益計，不能吝此小款也。

## 第十四節　官造而非部轄四鐵道

### 一、甯城鐵道（一名下關鐵道）

#### （一）沿革

清光緒三十三年二月，江督端方以南京城北下關，為滬甯首站，商務日增繁盛，而城內遼闊，往返需時，於行旅出入、貨物轉輸，諸多不便，遂於九月奏准，由藩司、運司、鹽道、糧道、釐捐總局，合撥銀四十萬兩，修造本路。卽由兩江督署管轄，民國亦屬地方長官，未歸交通部管。民國三年三月，政府與中英公司訂立甯湘鐵道借款合同。六月，中英公司令滬甯路局，以六十萬兩，收買本路，歸併滬甯，以備將來寧湘與滬甯，連絡於中正街，由上海經下關，貫南京城，直達長沙，皆在英國權利之下云。

（二）工程及路線

本路係標準軌間，於清光緒三十三年十月二十日興工，三十四年十二月告竣。路線起揚子江岸下關，入金川門，繞北極閣，至中正街止。設江口、下關、三牌樓、丁家橋、無量庵、督軍署、中正街七站，均單軌，共長二十五華里。

## 二、清濼鐵道（一名運鹽鐵道）

（一）沿革

清光緒三十一年八月，山東鹽運使張毓渠以官台等場鹽勘，向由小清河船運，至黃台橋卸岸，再用驟車運至濼口（一名雒口），分配行銷，車運極難，運費亦重，乃於十月，詳請魯撫奏准。由魯鹽項下，提銀十萬兩，修造本路。路成，黃台橋卸岸之鹽，卽由火車運往雒口，轉運雒口糧食至黃台橋，裝船行銷各埠，往返均無空車。

（二）工程及線路

本路屬窄軌，興工於光緒三十二年二月，為德工程師包造，十月工竣，十一月通車。線路起小清河黃台橋，至黃河岸濼口止，長十二華里，是為黃河與小清河連絡線路。

### 三、京苑輕便鐵路（一名永黃軍用鐵道）

#### （一）沿革

清光緒三十一年冬，練兵處王大臣以京畿重要，衛禁軍遠駐南苑，非造軍事專用鐵路，難期靈通而資拱衛，因卽奏准修造，由陸軍部管轄。民國以後，南苑萬字地等，商務繁榮，客貨增加，屢議改良線路，展築至馬駒橋，迄未實現。又七年四月，京奉鐵路管理局以永定門車站，時有軍隊往來，應添設岔道站台，請陸軍部將京苑軌道，稍移向南，亦仍其舊未改。

#### （二）工程及線路

光緒三十二年正月興工，三十三年二月告竣，同時通車。軌間，工部尺三尺三寸，費銀約十萬元。路線自北京永定門起，至南苑萬字地止，單軌，長凡十五華里。

### 四、武昌幣廠鐵道

#### （一）沿革

清光緒三十三年正月，湖北造幣總辦，以工場機械及貨物轉運維難，特稟准鄂督，修造此路，共費銀九萬元。

#### （二）工程及線路

光緒三十三年二月興工，八月告竣。軌間三呎八吋。線路自武昌大堤江岸起，繞過小東門，進賓陽門直行，至大朝街過幣廠內，長凡十五華里。

# 第十二章　現修國有鐵道

## 第一節　漢粵川鐵道概說

我國鐵道之最失算，而內容又極複雜者，莫漢粵川若也。計連贖約款、收回商路款、交通部墊養路欵及英、美、德、法四國銀團借欵等項，共費一億三千餘萬元。其已成路線，僅湘鄂之四百餘公里，平均每公里多至三十餘萬元。而主權之嬗變，辦法之紛更，從長紀述，殊非本書所能盡，姑卽概要而次陳之。當清光緒二十二年，建議創辦蘆漢，總署曾奏明，粵漢亦須次第舉辦，以期聯絡一氣。二十四年正月初五日，上諭，王文韶、張之洞、盛宣懷奏，粵漢緊要，三省紳商，籲請通力合作，以杜外人要求，而保利權，着照所請辦理當由三省督撫，派陳兆葵、曾慶浦等，分測全路，並議招集商股一千二百萬兩。是年三月，美國合興公司向駐美欽使伍廷芳，索粵漢承造權。二十四日，伍與該公司總理畢來斯，於華盛頓訂草約十五條。畢為美國會議員，力倡美應扶助中國，振興產業，杜絕歐洲各國侵略主義者也。二十六年六月十七日，以原估建造費不敷，經督辦鐵路大臣盛宣懷，與該公司議訂借欵續約二十六條，由伍代理簽字，計借美金四千萬元。無何，畢來斯死，比利時以俄法資金，乘機收買美股三分之二。該公司董事，亦多易比人。俄、法駐京公使又謂該公司附有英股，向我提出抗議。三十年二月，鄂督張之洞以比與法通，法與俄聯，恐京漢、粵漢，皆入比手，後患無窮，亟電湘粵督撫，謂該公司無端違約，應立卽議廢。三省士紳暨留日學生，同聲鼓譟。該公司聞訊，主張由美自行贖股，派美人柏士來華遊說，倡言以美接美。張力拒之，卒電駐美欽使梁誠，與該公司商定，以美金六百七十五萬元，收回主權（廢約賠償金三百七十五萬，廣三枝線建造費及幹路土工五十英里建築費，共三百萬）。然是時官民交困，無力籌資，張乃向英國香港政府，借英金一百一十萬磅，於三十一年八月初二日，訂立贖路合同，聲明中國政府，可將合興公司，所有鐵路產業、材料、測量圖表，開礦特權以及應得利益，無論明指暗包，全行收管，但已成路線，僅廣三枝路百里焉爾。

粵漢既贖回，各省士紳皆群起直追，或爭廢舊約，或力圖自辦，而鄂湘粵三省，亦於三十二年，議決各籌各欵，各修各路。其後鄂定官辦，湘定官督商辦。除粵路始終自辦，於次章“民業已成鐵道”紀述外，鄂則倡賑糶捐、彩票股，湘則倡米捐、鹽捐、口捐、房股、租股、薪股，集欵均微，而意見均不一致。當三省決議分辦粵漢之後，進行方法雖未盡同，而大綱亦曾畫一，卽由三省代表會商督撫奏明之修路公共條欵十四則是也，茲錄如下，以供參考。

（第一）贖路欵英金一百一十萬磅，照七份攤派；未贖之金幣小票，亦照七份攤派。湘、粵各認三份，鄂認一份。所有應付本息，均按磅價、金幣價，依期撥交。湖南欵由湘省委員逕交漢口英領事，廣東欵由粵省逕交香港匯豐銀行，若欵期忽有漲落，仍照原份攤派。

（第二）三省擬公聘勘路工程師一人，將全路覆勘一次，以定確實路線。其用費勘至何省境地，卽歸何省支付。

（第三）三省除公聘勘路一人外，其修路工師以及各項工人，均由各省自行選擇。如公用工師一人之外，願自聘工師覆勘者，亦聽其便。

（第四）三省鐵路，各籌各款，各從本境起修，務期全路早日接通，故議定路工，三省同時並舉，儘欵先修幹路，幹路未成以前，三省皆不得另修枝路，致誤大工。

（第五）三省所修幹路，無論修成若干里，但能行車見利，其所得淨利，應彼此統行核算，各按本年多寡，攤派利益，均以開工之日起算。

（第六）湘省路線較長，今為全路迅速竣工起見，湘、粵兩省公司議定，粵省修至邊境後，湘省願以宜章以下至郴州屬境永興縣止之路工，讓歸廣東代辦，一切利權，均歸廣東收管，以路成二十五年為限，湘省可按照廣東修路原用工本，備價贖還，如果粵省籌欵或有不足，自當另議，惟須於一年之內，先行知照湘省，以便湘省預籌欵項，接續自收。

（第七）三省分境修路，應互相催趕。如此省修勤工速，成路日多，彼省修緩日遲，成路日少，應今少修省分，攤認多修省分所用工本之利息，以免遲延。每屆一年，彼此比較結算一次。

（第八）廣東已成省佛枝線，所得車利，應專充贖路欵，仍按鄂一湘三粵三分派。

（第九）合興公司已築粵漢幹線工程及采用材料，應請派員確估價值若干，由粵認出，按鄂一湘三粵三分領。

（第十）合興公司已購粵境幹路地基，應核契載欵目，由粵省認出，歸鄂一湘三粵三分領。

（第十一）三省既按本分利，應彼此互派人員稽查，其詳細章程，俟復勘後，開工前另訂。

（第十二）三省定全路需用之鋼軌及一切鋼料，統向漢陽鐵廠訂購，鐵廠所出貨色，所定價值，無論運至鄂省、粵省、湘省，均按照洋廠一律，不得格外高擡。各省即不向外洋購買，以保中國自有利權。

（第十三）三省籌欵招股辦法，各就本省情形，另訂章程，稟請督撫核定，總以彼此不相侵佔妨害為主，並不得暗招洋股，違者將所招股本充公。

（第十四）全路告成以後，所得行車之利，除開支公司薪水、工食、局用及養路經費，撥還贖路借欵本息，核給股本息銀，酌提公積欵項外，所餘淨利，酌量做照外國鐵路各公司辦法，以若干報効國家，惟懇請將一切浮費，概予刪除，以恤商艱，庶於招徠股東之道，大有裨益，其餘全歸股東自行議章分派。

　　光緒三十四年六月，旨派大學士張之洞，兼充督辦粵漢川鐵路大臣，設總公所於北京，會同郵傳部及三省督撫官紳商董，籌辦路務。張卽召集湘鄂官紳，密商借欵辦法，並加入川漢，於宣統元年四月初八日，向英、法、德、美四國銀團，借英金六百萬磅，擬訂草約。其時四省人士，起而堅求拒欵毀約無效。已而張逝，路事歸郵部接辦。三年四月十一日，上諭，幹路國有，定為政策。十二日，派端方為督辦漢粵川鐵路大臣，郵部尙書盛宣懷卽於二十二日，與四國銀團，訂正式借欵合同二十五條。五月，端方奏設總公所於武昌，委武長、長郴、廣宜三鐵路局總會辦，聘英人格林森為湘鄂總工程師，實行修路。各省紳民反對路歸國有，川省風潮尤烈，革命軍興，清亡路輟，官設武昌總公所及各路局名義，同時銷滅，端方且被害於四川資州焉。

　　民國繼興，鐵道國有政策，仍舊進行，人民一致贊同。川路於元年十一月二日，湘路於二年六月三日，鄂路於四年一月十日，先後與交通部訂立贖回合同。贖路債欵，川路為直接用欵一·二九七·四一三元，間接用欵一六·二七九·二九一元，債欵一·一一三八·八三五元，計二九·二五三·四一四元；湘路為商、房、租、薪、米、鹽各股一三·〇一七·八七一元，債欵五·〇一四·一一八元，計一八·〇三一·九八九元；鄂路為捐、股兩項二·一二〇·六八五元，債欵九八七·七六〇元，計三·一〇八·四四五元。共計五〇·三九三·八四八元，均分別以有期證券按年攤還。於是漢粵川全路，除粵漢之粵段外，悉歸中央統轄矣，今著鄂、湘、川分辦各路顚末概要於下，為留心路史者以觀覽焉。

（一）鄂路

鄂路於清光緒三十二年二月，奏准官辦，以梁鼎芬、馮少竹為總辦，高凌蔚、曾廣榕為會辦，以藩、臬兩司充名譽總辦，以鹽法道及江漢關道充名譽會辦，原擬集股一千萬元，奈應者寥寥，始籌辦彩票股、賑糶捐。三十三年，以馮少竹充總辦，日本工學博士原口耀為顧問，旋改聘英人金達，又以日人安久津存雅充粵漢工程師，於是年三月二十八日，由武昌興工。日人大村鍋次郎為川漢工程師，於十月，由漢口興工。設辦公處於省城王府口甲棧，名曰湖北鐵路總局，兼管川漢、粵漢，又於督院內設路政處，管理粵漢川鐵道事宜，然截至讓歸國有時止，僅各築路基數里而已。

（二）湘路

湘路肇清光緒三十一年十月，由王先謙等，創設湖南鐵路籌欵購地公司，名為官率紳辦，鮮有應者。三十二年四月，商會協理陳文瑋等，以紳辦久無成效，若改為商辦，則障碍全消，人無疑慮，股欵可尅日招集，因兩集大會，募股二百餘萬元。五月，聯名稟商部，奏歸商辦。六月十四日，奉旨，鐵路為國家要政，仍應官督商辦，並派袁樹勳為主持總理，王先謙為名譽總理，余肇康為坐辦總理，張祖同、席匯湘為協理。三十三年，聘英人羅士為總工程師，

47

從事測路，然以總協理事權不一，意見紛歧，截至讓歸國有日止，商股僅招百餘萬元，路線只築成長株百餘里耳。

（三）川路

川路當光緒三十年四月奏辦之時，原係官辦，總辦為沈秉堃，以成績甚少，而用銀至二百餘萬元，不得已於三十二年，改為商辦，以胡峻充公司總理，喬樹枏充駐京總理，費純充駐宜總理，旋改李稷勳，以陸耀廷為總工程師，胡朝棟為副工程師，先修宜夔，陸、胡皆留美學生也，於三十三年二月十六日，自宜昌興工。其商股招至四百餘萬元，租股及土藥釐金等尤多，然以委任非人，辦理不善，在滬所設之四川鐵路銀行，倒閉達三百餘萬兩，人言嘖嘖，股東灰心，工程復極不振作，截至讓歸國有之日，僅成土方七八十里焉。

鄂湘川路，既悉歸國有，交部卽將粤漢之湘鄂段，川漢之廣宜，宜夔段，分別設局，同時進行，然其後廣宜，以商務關係，改為漢宜。宜夔則萬山為障，無法施工，至民國六年，終以欵難接濟停辦，其文卷及各股工程，歸湘鄂保管，其豫定線路，具詳本章第三節中。

# 第二節　粤漢之湘鄂鐵道

## 一、沿革

湘路之劃歸國有，雖訂約於民國二年，然當元年四月，政府任譚人鳳辦粤漢之時，已得湘當局及各法團之同意。湖北原屬官辦，更不待言，故粤漢總公所，卽於元年八月，派員實地測勘。中以軍事阻滯，經無數周折，至七年九月，武長間始竣工開車。十年，交通部曾擬自株洲展築至衡州，預定三年竣工，所需款項，按月由京漢、津浦、京奉各提餘利十二萬元，京綏提三萬元，預算一千四百十一萬元，即可完成，尋以軍閥截留路欵，四路自顧不暇，其議遂寢。

## 二、工程

本路所經，除湘鄂交界繞行山峽中外，餘皆平原，故鄂段工程，以多湖沼低地，土質鬆疏，填土築堤，頗費周折，而蒲圻至羊樓司間，以隣黃蓋湖近，雨期潮水氾溢，堤工尤高而難。湘段所經河流甚多，水患益甚，且土質鬆浮，非架鐵橋不可，沙湖及南津港之橋工、堤工，實居本路第一。自武昌至株洲，鐵橋二百十六座，三合土橋一百另一座。長株段宣統元年夏間興工，三年春間竣工，為湘路公司所造。武長段民國三年七月興工，六年一月造至岳州，七年九月始通長沙，約歷六年始成。蓋武長以軍務倥傯，時作時輟故也。全線路工均甚草率，路盤高低不平，車行其上，顛播異常。株洲車站，初與株萍車站，遠距二里，不相連絡，民國二年五月始造一連絡線，互通車輛。武昌現設三站，曰鮎魚套，渡江即達漢陽；曰通湘門，直趨武昌城內；曰徐家棚，渡江即達漢口。民元、二年間，交部曾擬由比利時銀公司借欵二千萬元中，提九百萬元架設武漢鐵橋，連絡京漢、粵漢架橋地點。初擬由武昌鮎魚套，渡漢陽，繞龜山，至礄口對岸，涉漢水，與京漢玉帶門站連接，尋以江漢兩橋，工程浩大，改由徐家棚渡江，與劉家廟（漢口江岸車站）連絡。武漢商會、保安會、自治會等，反對甚力，瀝陳八害，上書鄂省軍民兩署，請求力爭，當局置之不理，仍將總站設徐家棚，備於其地架設鐵橋，然迄今未實行也。

### 三、路線里程

本路起武昌城東徐家棚，經咸甯、蒲圻、岳州、長沙，至株洲，均單軌，凡三十六站（站名詳後"各路里程總表"），長四一五公里六八，岔道四二公里七一三，共延長四五八公里四一三。已成枝線兩條，一武昌城西鮎魚套線，長四公里八七一；二長沙城北新河線，長五公里八五。最近議自易家灣修一枝路至湘潭對岸，約長三十華里云。

## 第三節　川漢之豫測線路

川漢路線最初計劃，由漢口經沙市、宜昌、夔州、重慶，以達成都，迨四國銀團借款成立，英國技師謂漢口至宜昌，土地卑濕，不適造路，改自京漢廣水站起，經襄陽荊門至荊州，以達宜昌。旋經德技師實地調查，謂廣水遠處內地，距水運連絡過遠，且與京漢競爭客貨，殊為失計，不如改自漢口起，經應城、鍾祥、當陽，以往宜昌，此線沿途物產豐富，又較廣宜短一百哩，自國防及營業上觀之，均以發軔漢口為有利。且自漢陽礄口架一鐵橋，與京漢玉帶門站連絡，尤足便利漢口漢陽交通。當經從事測量，並定自漢口至應城為第一段工程，着手開辦。歐戰起後，德技師返國，遂中輟，此段工程以漢陽及鍾祥附近兩橋為最大，而鍾祥、宜昌之間，地勢極低，築堤亦非易易。

宜昌至夔州一段，四川鐵路公司曾以詹天祐為總工程師，測量一度。民國三年，美工程師重測，對於曾測之線，略有變更。本線循揚子江岸西進，橫斷鄂西山地，通過崗巒重疊之三峽，沿線須鑿山洞七座，架橋十四座，為川漢工程中之最艱鉅者。清末曾從三峽北方，覓得兩路，山勢較平。南岸施南以上，山勢亦平，然較京漢之武勝關，仍為險峻，故未加以實測，測定之路，仍所謂揚子江路是也。

夔州以西，在四川鐵路公司時代，曾豫定經萬縣、梁山、墊江，至重慶。復道永川、資州，以達成都。詹天祐謂由墊江過長壽，抵江北達重慶，工程頗為困難，就中南沱大山洞，長達一萬七千呎，尤不容易開鑿。尋經美工程師嘉羅爾（C. J. Carroll）詳細勘測，發見沿江岸新路一條，山洞可縮短四千呎，全路建造費，可省三百二十二萬餘元。重慶至成都，民國三年，美工程師曾組織八百餘人之測量隊，分為重慶至永川、永川至資中、資中至成都三段，實地測勘，測勘結果，迄未宣布，故其線路亦未確定，要之川漢全線，約長一千二百三十哩云。

## 第四節　隴海鐵道概說

### 一、沿革

本路一名隴秦豫海鐵道，又稱海蘭，係由海清、清徐、開徐、汴洛、洛潼、西潼、西蘭七路，合併而成，吾國最大東西幹線也。其能合併之根源，則在汴洛一線。當清光緒二十九年，與比利時銀公司，訂汴洛借款時，曾載明合同，如辦理完善，則將來由洛陽至西安，亦應准其盡先議辦。適豫辦洛潼、陝辦西潼及部辦開徐、海清，均無成效。至民國元年，比公司卽派代表陶普施，索展築優先權，磋議結果，比允拋棄汴洛行車及應分餘利二成之利益，求延長路線，西至甘肅蘭州，東至江蘇海口。政府以合開徐、海清及洛潼、西潼，可作一東西大幹線，遂允之，於九月二十四日，由交長朱啟鈐與比國鐵路電車公司代表陶普施，訂立借款合同二十二條，借英金一千萬磅（僅發行四百萬磅）。合同中，並聲明全路告竣後，由中國政府全權自辦。十一月二十日，設隴秦豫海總公所於北京，任施肇曾為督辦，一面派工程師測勘，一面命盧學孟接收汴洛，尋任為局長，派程源深收買洛潼，派陸長葆接管清楊（清徐段之已成線）。二年，定開封至海州為東路，洛陽至蘭州為西路，各設工程局，派章祐充西路局長，陳宗雍充東路局長。三年八月，歐戰勃發，二批債票，未能發行，特募短期內國公債五百萬元，以清路工，然僅募得三百二十餘萬元。四年九月，將開徐、洛觀兩段，辦竣行車。九年施親赴歐籌款，覓荷蘭銀公司，與比會同籌辦，於五月一日簽字，計借荷款五千萬吉打，比款一億五千萬佛郎，聲明東以海口，西以陝州為限，其迤西之路，與本合同無干。此後西路由比，東路由荷投資。西路觀音堂至陝州，東路徐州至海州，今均通車營業矣，惟海州築港，尚在籌辦之中，未識完成於何日也。

## 二、工程

本路工程，徐海一段，地勢平坦，無甚困難，惟經運河、沭河、六塘河、運鹽河諸水，地多卑濕，易患水災，填高築堤，架設橋梁，頗為費事，海州築港，最為鉅工。開徐一段，所經亦屬平原，絕鮮邱陵，惟當黃河氾濫區域，地皆冲積黃土，一至雨期，低地忽成湖沼，路基容易崩塌，故須高築路基（有高十呎者），多築涵洞（數達二百個），餘無何項困難工程。汴洛一段，鄭州以東，坦坦平原，工程容易。鄭州西至滎陽，間有邱陵，闢山行車，兩岸如削，頗費開挖。汜水至黑石關，橫貫嵩山餘脉，鑿洞至十一座，最長者，達一千五百五十八呎，最短者亦有四百十三呎。黑石關至洛陽，除架洛河鐵橋（長一千五百呎）係鉅工外，餘皆坦途。最易施工洛潼一段，鐵門關以東，皆循澗水北岸，地皆平坦，僅新安附近，鑿一極短山洞。以西邱陵綿亘，逼近路線，闢山通道，兩岸有高數十呎者，十呎下者，則不可數計。義馬迤東迤西，雖兩渡澗水、澠水，架橋亦非鉅工。澠池至觀音堂，皆循坦途，絕無難工。觀音堂至潼關，山脉縱橫，工程艱鉅，而以張茅為最險，函谷關、金陡關，猶其次者。觀音堂經峽石至張茅，卽古崤函之險，山勢雄峻，崗巒層裹，碎石削岩，鑿洞五座，並架山峽鐵橋，工艱費鉅，堪稱本路第一。函谷、金陡二關，亦巒壑相間，不易施工。西潼一段，則循渭河沿岸，地勢平坦，最易呈功。西蘭有南北兩線，尚未決定何線，北線循舊驛路，經乾州、邠州，入甘肅境，經涇州、平涼，逾六盤山脉，入黃河流域，至蘭州，距離約四百一十哩，較南路短三十五哩，茲據本路工程師已測量之成績，錄如下方以供參考。

| 經過地 | 自西安距離 | 各地間距離 | 橋梁及山洞 | |
|---|---|---|---|---|
| 西安 | ——哩 | ——哩 | — | |
| 豐河 | ——哩 | ——哩 | 橋梁一座 | 六三〇呎 |
| 渭水 | ——哩 | ——哩 | 橋梁一座 | 一・八〇〇呎 |
| 咸甯 | 一〇・五五哩 | 一〇・五五哩 | — | |
| 西城 | 一九・二五哩 | 八・七〇哩 | — | |
| 醴泉 | 二九・一八哩 | 九・九三哩 | — | |
| 乾州 | 三七・八八哩 | 八・七〇哩 | — | |

續表

| 經過地 | 自西安距離 | 各地間距離 | 橋梁及山洞 | |
|---|---|---|---|---|
| 永壽 | 五八・九九哩 | 二一・一一哩 | 山洞一座 | 四五〇呎 |
| 邠州 | 七五・一四哩 | 一六・一五哩 | 山洞六座 | 三・六〇〇呎 |
| 亭口 | 八五・六九哩 | 一〇・五五哩 | 山洞六座 | 三・六〇〇呎 |
| 涇州 | 一二二・三三哩 | 三六・六四哩 | — | — |
| 平涼 | 一六二・七〇哩 | 四〇・三七哩 | 橋梁二座 | 八〇〇呎 |
| 瓦亭 | 一八七・五四哩 | 二一・八四哩 | 山洞二座 | 七五〇呎 |
| 青石嘴 | 二〇一・八二哩 | 一四・二八哩 | 山洞二座 | 二・七〇〇呎 |
| | | | 橋梁一座 | 四五〇呎 |
| 固原 | 二〇六・七九哩 | 四・九七哩 | — | — |
| 海子峽口 | 二一三・〇〇哩 | 六・二一哩 | 山洞五座 | 二・一〇〇呎 |
| 大灣 | 二一七・三五哩 | 四・三五哩 | 山洞二座 | 一・五〇〇呎 |
| 張家堡 | 二二二・九三哩 | 五・五八哩 | 山洞一座 | 九〇〇呎 |
| 靜寧 | 二五八・九五哩 | 三六・〇二哩 | 山洞一座 | 一・二〇〇呎 |
| 高家堡 | 二七〇・一三哩 | 一一・一八哩 | 山洞二座 | 四五〇呎 |
| 清江 | 二八一・九三哩 | 一一・八〇哩 | 山洞二座 | 二・四〇〇呎 |
| 會甯 | 三〇六・一五哩 | 二四・三二哩 | 橋梁一座 | 二七〇呎 |
| 西鞏 | 三二〇・四三哩 | 一四・二八哩 | — | — |
| 青嵐山 | 三三〇・三七哩 | 九・九四哩 | 山洞一座 | 九〇〇呎 |
| 安定 | 三三七・八二哩 | 七・四五哩 | 橋梁一座 | 二七〇呎 |
| 秤鈎驛 | 三五七・〇七哩 | 一九・二五哩 | 山洞一座 | 一・〇〇〇呎 |
| 夏官營 | 三八一・九一哩 | 二四・八四哩 | 山洞一座 | 一・二〇〇呎 |
| | | | 橋梁一座 | 二七〇呎 |
| 蘭州 | 四〇九・二三哩 | 二七・三二哩 | 山洞二座 | 九〇〇呎 |

　　西蘭南線，循渭河岸至鳳翔，經秦州，踰鞏昌西方分水嶺，入黃河流域至安定合北線，以達蘭州，共長四百四十哩，測定線路如下。

| 經過地 | 自西安距離 | 各地間距離 | 橋梁及山洞 | |
|---|---|---|---|---|
| 西安 | ——哩 | ——哩 | — | — |
| 咸陽 | 一〇·五五哩 | 一〇·五五哩 | — | — |
| 興平 | 四三·四七哩 | 三二·九二哩 | — | — |
| 龍尾溝 | 七二·〇三哩 | 二八·五六哩 | — | — |
| 鳳翔 | 九一·二九哩 | 一九·二六哩 | — | — |
| 寶鷄 | 一一四·八八哩 | 二三·五九哩 | — | — |
| 牛峪里 | 一二一·七一哩 | 六·八三哩 | — | — |
| 巄川 | 一二七·九三哩 | 六·二二哩 | 山洞六座 | 二·二〇〇呎 |
| 石門灘 | 一三九·一〇哩 | 一一·一七哩 | — | — |
| 仙峪嶺 | 一四七·一七哩 | 八·〇七哩 | — | — |
| 孟家園 | 一六二·〇八哩 | 一四·九一哩 | 山洞十座 | 三·三〇〇呎 |
| 三岔廳 | 一八〇·七三哩 | 一八·六五哩 | 山洞六座 | 三·三〇〇呎 |
| 花南岸 | 二二一·七六哩 | 四一·〇三哩 | — | — |
| 峽口 | 二二二·六九哩 | 〇·九三哩 | 山洞三座 | 四·〇〇〇呎 |
| 伏羌 | 二五七·四七哩 | 三四·七八哩 | 橋梁三座 | 一·〇〇〇呎 |
| 鞏昌 | 三一八·五七哩 | 六一·一〇哩 | 山洞一座 | 一·八〇〇呎 |
| 安定 | 三六二·六六哩 | 四四·〇九哩 | — | — |
| 秤鈎驛 | 三八一·九一哩 | 一九·二五哩 | — | — |
| 夏官營 | 四〇六·七五哩 | 二四·八四哩 | — | — |
| 蘭州 | 四三四·〇七哩 | 二七·三二哩 | — | — |

　　本路已成之路線，汴洛於清光緒三十四年冬，卽已全線通車。
開徐於民國四年五月，開車營業。洛觀亦於四年九月通車，徐州至
運河，通車於十二年。觀音堂至陝州，通車於十三年。運河至海口，
通車於十四年十月。

### 三、路線里程

　　本路起江蘇海州，經徐州、開封、鄭州、洛陽、潼關、西安，
至蘭州，線亙甘肅、陝西、河南、江蘇四省，與津浦交於徐州，與

京漢交於鄭州，與豫定之同成交於潼關。經濟上之價值，甯待言哉，全長約二千公里，已造成八百公里：計海州至運河，一百二十六公里；運河至徐州，七十二公里；徐州至開封，二百七十七公里；開封至洛陽，一百八十五公里；洛陽至觀音堂，九十二公里；觀音堂至陝州四十八公里（陝州至鄭州，二百六十一公里；鄭州至徐州，三百四十一公里），均單軌（惟開徐預備雙軌路盤），站數站名，均詳書末"各路里程總表"中。

## 第五節　歸併隴海各線本末

### 一、汴洛鐵道

汴洛原為京漢之枝線，當清光緒二十五年容閎倡辦津鎮時，盛宣懷恐東西競爭，有傷蘆漢利益，乃於是年十月三十日，奏准將開封、河南兩府枝路，即今所謂汴洛者，統歸總公司籌造。因拳亂暫擱，二十八年十月二十九日，外務部以比使屢催，咨盛速辦。二十九年八月十九日，盛會同汴撫陳夔龍奏明，奉旨，外務部嚴覆。九月初十日，外部覆奏，尚無不合。盛即於二十四日，與比公司代理人盧法爾，訂立借款合同二十八款及行車合同十款，借法金二千五百萬佛郎。三十三年二月十八日，以局款不敷，復由郵傳部奏准，續借比款一千六百萬佛郎，九五·五實收，餘均照舊。三月初八日，與比公司代表配唐簽訂合同。三十四年十二月，全路告成。民國元年，比公司以路線太短，不能發展，要求承辦隴海，將本路併入，自願犧牲已得之分攤餘利及代辦行車。各項權利，當未併入隴海以前，實權皆握於比人云。

## 二、開徐海清鐵道<sup>含清</sup><sub>楊</sub>

清光緒三十一年，商部尚書載振以由開封、徐邳至海州，為橫亘東西大幹，特建議籌辦，因無款未果。宣統元年三月初九日，郵傳部始奏准興辦，由鐵路總局歲籌百萬元，並因欲與蘇路公司承築之徐清聯絡，特繞清江浦，定名開徐海清，派阮惟和沙海昂前往測勘。二年正月二十七日，部據阮、沙報告，奏明線路由陳留起，經睢州、歸德、碭山，至徐州。其徐海間，則繞出清江浦，凡八百二十里，估費銀一千四百萬兩。三月初八日，奏派阮為總辦。五月二十五日，於開封設總局，海州設分局，以鄺孫謀為總工程師，分頭覆測。九月二十四日，覆測告竣，阮詳郵部，須改路線，由徐州直經邳州達海州。三年五月初九日，阮詳郵部，實測已竣，亟待興工，而鐵路總局至今未撥分文，究應如何辦理。十六日，部以無款令暫停辦，計共歷二十二月，由郵部撥銀七萬七千零五十九兩，是日郵部並派阮接收蘇路。初，本年四月二十七日，蘇路公司呈部，議改清徐為徐通，擬借款自辦。五月十四日，郵部照會該公司，幹路國有，已定為政策，徐清係西幹通海下遊，應歸國有，請將一切用款，分別造報，以期核收。至清通一段，路線太長，舉辦洋債，無例可援，應容緩定奪。十二日，該公司電郵部，徐清遵命讓歸國有，郵部遂派阮、沙二人察勘，其已成路線，自清江浦至楊家莊，三十七里，共用銀八二三‧五三八兩二七六。閏六月初十日，實行接收。七月初三日，郵部派總收支兼總務長接管局務。九月民軍起義，本路為江北交通局佔領。民國元年五月，始交還交通部。逮隴海借款合同成立，開徐海清及清楊，均依合同歸併。二年七月，由交部將所墊經費，與隴海結算清還云。

## 三、洛潼鐵道

洛潼由豫紳景仲升等，於清光緒三十二年二月，稟汴撫陳夔龍奏請開築，以事中止。三十三年七月汴撫袁大化，據編修王安瀾等稟，咨請郵傳部代表籌款自辦，並舉禮部右丞劉果為總理。八月初三日，旨准。三十四年三月，借京奉副工程師李吉士測線。六月初一日，呈請汴撫林紹年奏准，將鹽每斤加價四文，作為股款。十月十七日，由郵部頒給關防。十一月，以劉不能常駐汴中，公推前布政使張廷燎為駐汴總理。宣統元年二月，經郵部奏准。四月，郵部派員查勘路線股資情形，並飭令於三年內，全部告竣。十一月，在洛陽設事務所及工程處，並聘詹天祐為顧問工程師，徐文炯為領袖工程師。二年七月初五日，自洛陽開工。八月，汴撫寶棻奏准劉果專任本路總理，免派署丞缺。三年十月，革命軍興，本路適當戰線，已成之工，損壞及半。十月，遣散工人。民國元年五月復築。計自洛陽至新安約六十里，墊土鋪軌，業經通車。新安至澠池，約百餘里，土工粗葳，准張辭職，推劉聯任。九月，交部與比訂隴海借款合同，議明將洛潼由政府收回併入。二年正月，擬向美借款五十萬磅，經交部咨外部，照會美使禁止。二月，交部派程源深與豫省長官，商議收路事宜，先從收買民股入手，八月初，買股達百餘萬元，遂經軍民兩署，將公司取消，並由交部派員，接收全路產業。二十五日，呈報大總統，隨飭程氏清算各賬。三年二月事竣，計民股連本息銀，共一・九一六・一二九元三角，鹽股不計息，計銀一・五〇〇・三八七兩一二，除民股悉還清外，鹽股尚欠交三十萬兩，由交部擔認，迄今未曾償還。

## 四、西潼鐵道

清光緒三十一年十二月初五日，陝撫曹鴻勛以汴洛既築，則東出門戶已通，特奏請籌辦西潼，並聲明潼關以西，陝主之，以東由豫主之，同時並舉，一氣銜接，而以陝甘於日後續辦，旨准後，遂設辦路事務所，聘日人老田大文、松崎龜次郎，包勘路線，計自西安經臨潼、渭南、華州、華陰至潼關，凡二百四十里，估價銀四百萬兩。一面議鹽斤加價，土藥加釐，積穀收捐，以資築路。未幾，豫省緩辦洛潼，甘省尤毫無響應，而所擬抽各款，亦事與願違，碍難舉辦，曹乃於三十二年十一月二十四日，奏明陝路宜聯豫甘合作，擬請派員督辦，奉旨，郵傳部度支部議奏。三十三年五月二十九日，兩部覆奏，合辦甚宜，督辦則應俟籌有的款，再行簡派。六月十七日，曹以官款難籌，特奏明改為官商合辦，派閻迺竹為總幹事，並派鄭恩賢赴滬招股，請部刊發關防。三十四年八月，郵部派唐乃倉、沙海昂查勘路線股資情形，據覆，路工尚少艱鉅，惟款祇集二十四萬兩，且尚未開收。十月，郵部恐其日久無成，特限令自開辦日起，三年告竣，否則由部代造。十一月二十三日，陝撫奏設公司，以閻為坐辦總理，晏安瀾為駐京總理，由郵部刊給木質關防，蓋以款尚未齊也。宣統三年四月，幹路國有之諭下，陝撫恩壽以官商合辦無效，於七月初六日，奏請逕由官辦。八月，經郵部覆奏照准，民國元年九月，隴海借款成，遂將本路併入。至於西蘭，即所謂陝甘鐵道，在清光緒二十九年，陝、甘兩省京官，呈請商部奏辦，尋以西蘭必俟西潼竣工，銜接展築，方為有利，故先着手西潼。西蘭雖曾議設公司，擬集資三千五百萬元，然僅說說而已。

# 第六節　滄石鐵道

本路乃正德之變形，查清光緒三十三年，津浦北段借款奏案內，曾聲明正德枝路，在十五年期內，我國可自行籌辦，否則須借德款建造。逮民國二年六月十五日，有曾禎祥者，擬集股創辦滄石輕便鐵道，呈由直隸民政長，咨呈交通部，當由交部令行京漢、津浦查復，據津浦覆稱，應改修普通鐵道，自興濟至石家莊，俾資連絡。九月，曹等呈稱照改，惟時交部，以該商股本僅六十萬元，令候籌有把握，再行稟部核辦。至五年八月，由直省長轉咨驗款，交部覆以正太展線，成約在前，礙難核准。十二月，曹等遵部頒民業鐵路法，將路線圖說及股本二百一十萬元憑證，續行呈部。時交部路政司，以正太展線一語，無案可據，而距德人承辦之期，則僅有五年，因密呈交長許世英，或主部辦，或主商辦，均應速行解決，以免貽誤事機，許韙其議，卽於是月二十六日，批暫准立案，並定附加條款五條。

民國六年五月，有人具控交部，謂曹所辦滄石，不無外款關係。交部咨直省長查復，確有嫌疑，交部以口[1]路自暫准立案後，已逾限三月，路事毫未進行，又復多所糾葛，因卽註銷前案，決由國家籌修，令京漢、津浦籌辦，並至六月十四日，咨直省長，將曹所設滄石鐵路籌備處，立卽撤消以免影射。八年十一月，交長曾毓雋呈請大總統，擬募集國內八釐實業公債，建築石德鐵道，並歸還九年份，應付各省債款。未幾，曾固離職，而公債亦少應募者，故又未果行。

---

[1] 疑為"該"。——編者註

九年秋，北方奇旱，交部乃議修滄石、煙濰二路，實行以工代賑，經於十月十八日，令京漢、津浦迅將滄石開工，一切工程款項，均由兩路分認。二十三日，津浦電部，派工程師李兆濂、吳銘測勘，賈樹鍾、金鎮藩分頭購地。二十五日，交部提出國務會議，議決。二十七日，呈明大總統，兩路修築路基費，滄石約百八十萬元，煙濰約三百萬元，請追加九年度豫算之內，當奉令准。三十日，京漢電部，派工務處長華南圭督理工程，趙杰為工務主任。十一月一日，於石家莊正式開工，交長葉恭綽派技正李壯懷，代行開工典禮。十七日，交部派沙海昂等赴工次，調查施工狀況。十二月初九日，京漢呈部，加派錢桂一為副工程師。十四日，偕京綏杜盈琛、張東寅從事購地。二十日，交部以路工亟待進行，特訂定選派經理人及施工細則二十五條，以部令公布。十年一月中旬，京漢、津浦會呈交部，測量告竣，自石家莊起，經藁城、深縣，以達滄縣，計長二百二十一公里，其擬設車站，為石家莊白佛村、崗上、藁城、賈莊、晉縣、新疊頭村、東大陳、李家莊、深縣、韓莊、武強、小範鎮、老周家莊、李村、淮鎮、相國莊、辛莊、山呼莊、滄縣。二十六日，交部令設滄石鐵路路工處，以李大受充處長。二月一日，交部迫於賑務處請撥急賑，乃將所收交通賑款，撥出一半，因是路工大受影響，莫能促成。十一年一月八日，交部令改路工處為路工局，以技監沈琪兼任局長。五月二十九日，交部以無款應付，工程難於進行，裁撤路工局。六月一日，交部電京漢，接收滄石工程，妥為保管。五日又電京漢，撥付未發地價、遷墳及補償損失等費。綜計自九年十月測勘日起，至十一年六月裁撤時止，凡歷二十閱月，共用銀一‧六八六‧九一六元一角二分。自停辦後，所有前修路基，日鄰毀壞。直隸省議會於十一年九月，咨直省長，轉咨交部，謂前功盡棄可惜，催部續辦，交部以款無着，迄未舉辦，據交部路政司估計，本路建設費，需銀六百九十六萬四千八百元云。

## 第七節　煙濰鐵道

本路自山東煙台，經登州、龍口、黃舖至濰縣，凡二百八十八公里七九，為開發渤海灣沿岸地方之一要路。當清光緒三十年，商董梁灝池等即首倡籌築。三十三年，職商張德山等重申前議，並擬自認鉅股。宣統元年，李福全等復約集發起者二十人，募集資金興辦，然均以無款而罷。民國元年，煙台商會始設煙濰鐵路籌備所。二年，舉總協理入京請願，政府以國有却之。三年，該商會迭次電請交部速修，當由部派趙德三測勘，呈覆路平工易。五年三月，即准該商會籌辦，豫定招股一千萬元，由經過各縣攤派，不足者，由全省補助之。五月一日，自煙興工，然款仍無着，未數月，即停止進行。至九年，北五省奇旱，交部因議以工代賑，趕築煙濰、滄石二路，一面創辦路電郵附加賑款，接濟路工。十月，設煙濰鐵路工程處，派趙德三為處長，劉堃等為工程師，招災民四千人，於十一月一日，在濰縣行興工式，路寬二十呎，預備雙軌地基。十年二月，國務院議定，附加賑款，以五成分撥賑務處，路款遂感困難。十月，忽全體停收，交部不獲已，改築行駛汽車道路。於十一年三月，公布招商承辦簡章十四條，無應之者。九月一日，以沿路地主催索地價，乃發行煙濰鐵路發還地價短期債券四十八萬元。四日，改工程處為汽車處。五日，公布汽車處暫行編制專章十八條，設處長一人，副處長一人，其下分總務、車務、工務、機務、會計五股。十四日，交部路政司呈稱，煙台為東北要鎮，濰縣乃中部菁華，僅設汽車路，實不足以發展交通，振興實業，特擬具豫算節略，謂造標準軌間鐵路長二七五公里，需銀二〇・二二七・一八七元；六公吋輕便鐵路約二八九公里，需銀三四三・四八七元。交長以無法籌資，未予採納。十二年正月，改派趙藍田為處長。三月二十三日，交部部令，取消副處長。五月三十日，趙呈交部，稱現只有小汽車十六輛，不敷應用，請購飛亞牌汽車八輛，經部准其照購，計自開辦至今，共用一百八十餘萬元云。

# 第十三章　已成民業鐵道<sup>籌築者附</sup>

## 第一節　膠濟鐵道

### 一、沿革

清光緒二十一年，德乘山東兗州教案，以武力佔領膠州灣，要求山東全省路礦承辦權，未決。而曹州教案，於二十三年正月踵起，德顯利親王郎率艦隊遊弋黃海，清廷迫於威勢，遂於二十四年二月，派蔭昌與德員葉思克締結《中德膠澳租借條約》，其第二章中，郎屬鐵道礦務辦法，略謂膠濟、膠沂兩路，由德商華商，各自集股，派員領辦，六十年限滿，由中❶政府任意贖回，限內得分相當紅利，並准於沿路兩傍三十里內，開採煤觔，簽押後，德郎分段興工。至二十八年，郎全路開車營業。民國二年一月，復與礦山公司合併辦理。三年八月，歐戰勃發，日本藉與英有同盟關係，於九月十五日，以海陸軍夾攻青島。十一月七日，攻陷，命其臨時鐵道聯隊，掌管膠濟全路，一面推廣埠頭，力行水陸聯運；一面創辦鐵礦，修造金嶺鎮至鐵山枝線，並增加各項車輛，萃人力、財力，以謀永久事功。

---

❶ 疑丟“國”。——編者註

四年一月，即向我國提出二十一條要求，聲言須將膠濟鐵道及德人在山東所有權利，概行讓與。五月九日，我國屈於威力，承允日後，日本政府、德國政府協定處分，概行承認。七年九月，中日訂《膠濟新約》，允於路權確定後，中日合辦。惟時魯省紳商及全國志士以收回該路，奔走呼號，對於新約，痛加非難。八年一月，巴黎和會既開，日於山東問題，提出六事，其第四事，謂膠濟主權宜倣從前中德合辦之法第六事，謂膠濟巡警應由日本教練。議已決矣，我國代表顧維鈞等服從輿論，拒絕簽約，遂不果行，而全國反對中日直接交涉之聲，更軒然起矣。

十年十一月，華盛頓會議繼開，我國準備將山東全案提出。英美聞之，恐碍華會進行，特出而調處，屢議屢輟，至十一年一月二十日，始以最後折衷條件向中日代表提出，由我國以國庫支付券贖路，分十五年償清，五年後，得一次還清，用日人為車務長，會計長則中日各一，均受局長節制，並議定由中日兩國合組評價委員會，評定一切價值，以中國人為委員長，我國政府及代表以主權既經收回，當即應允。二月四日，由我國代表施肇基等與日代表加藤等簽字。十七日，內務、財政、農商、交通四部會呈大總統，稱本年一月十四日、二月一日，曾兩經交通部通電全國，籌款贖路。旋准各省督軍、省長，電允擔任鉅款，已過半數，請於收回後，仍歸民辦，永為民業，以順輿情。二十四日令准。三月二十日，外交、內務、財政、農商、交通五部，又會呈擬具膠濟鐵道定為民有辦法大綱十四條，規定稽核款項，接管手續等辦法，並裁明日本交回後，由政府先行派員管理，一俟公司路款交清，即交公司接辦。十一月二十五日，交部呈准，創設膠濟鐵路理事會，設理事五人，採合議制，取決該路重要事項，並派王正廷、勞之常、顏德慶、陸夢熊、趙德三（後改包光鏞）充任。十二月五日，中日評價委員會簽定《山東懸案鐵路細目協定》十八條及了解事項七條，以四千萬元日金，贖回全路。九日，交部公布膠濟鐵路政府接收後，管理局編制專章十七條，悉倣國有各路成例，惟特設副局長一人。十二年一月一日，由交部派次長勞之常等，正式接收全路。三月十四日，以大總統令公布《膠濟鐵路贖路籌辦處條例》五條，派谷鍾秀為督辦，自是而二十年來被攘之路，仍歸我國人民所有矣。

### 二、工程

本路所經，地勢尚平，惟多河流，架設橋梁達三百五十座，以濰河橋為最大，長凡四百七十密達。所築橋梁、土堤、路基，均堅實耐久，軌枕皆以鐵材為之（日管後有易木者）。青島船埠設備，亦極完美，蓋德欲以青島為東方根據地，與英之香港頡頏也。幹線自清光緒二十五年八月興工，二十六年四月至膠州，二十七年九月至濰縣，二十八年五月至昌樂，三十年七月至濟南，約歷五年而全工竣，當拳亂中，工程曾經中止。其枝線有德造者二條，日造者一條。

### 三、線路里程

本路起青島，經膠州、濰縣、青州，至濟南。現皆單軌，路基則豫備雙軌，凡五十站（站名詳後“各路里程總表”），長三九四公里〇六。枝線三條：一曰博山枝線，自張店經南定、淄川、大崑崙，至博山，單軌，五站，長三十八公里八七，興工於清光緒二十九年四月，竣工於三十年八月；二曰淄川煤礦枝線，自博山枝線淄川站，至淄川煤礦，長四公里；三曰金嶺鎮枝線，自金嶺鎮至鐵礦，長五公里，興工於民國七年十月十七日，竣工於八年三月三十日，係日管時山東鐵道管理部所造。

## 四、沿線礦產

《中德膠濟租借條約》第二章，載明沿線左右三十里，德有採礦權，足見沿線礦產之豐富也。現經開採者，有煤礦三處，鐵礦一處，茲次述之。一曰坊子煤礦。坊子礦區跨濰縣、昌樂兩縣，面積極廣，據德技師實測，稱含煤一千二百萬噸，惟多斷層地質，開挖費事，德管時，每日採一千五百噸；日管時分東西南北中五區開採，民國九年，共採一二九・四三六噸。二曰淄川煤礦，位於膠濟幹路與博山枝線之間，面積亦廣，據德技師報告，含煤十一億一千六百萬噸，至少可採九千六百萬噸。第一層煙煤，第二層半無煙煤，第三層無煙煤，無煙煤質等於英之加基夫產，最適船艦之用。日管時，每日採煤一千四百噸。三曰博山煤礦，位於博山城東十里，以黑山為中心，南北達三十五里，東西達二十里。大別為黑山區、西河區及博山北區，以大奎山附近之大崑崙為淄川博山兩礦區分界點。含煤一億七千萬噸，日管時每日採煤二千噸。公司二百家中，只二十家用新法，餘皆土法。四曰金嶺鎮鐵礦，位張店及金嶺鎮兩站之間，就中以鐵山、鳳凰山、四寶山、玉皇山、皇山、團山為最著名，山皆高約二百密達，往往山頂露浮鐵礦，土法開挖已數百年，德人正欲大規模經營，未呈功，為日佔領。據德技師報告，含鐵礦八千萬噸，磁鐵礦占六成，赤鐵礦占四成，礦質推四寶山最純，含鐵在百分之六十以上云。日管時，曾採以供八幡製鐵所，初擬日採一千噸，後以八幡不能需此多量，改為四百噸焉。逮及收回，上述四礦，名為魯大公司所有，實權仍握日人手中。

# 第二節　漳廈鐵道

## 一、沿革

清光緒三十一年八月初五日，閩省京官張亨嘉等奏辦福建全省鐵道，設立公司，舉陳寶琛為總理，議決先辦漳廈，從嵩嶼開工。以款項不敷，至宣統二年四月，始將嵩嶼至江東橋二十八公里，開車營業，共費二百二十萬元。除糧、米、鹽三項加收路捐四十餘萬元，餘皆募自南洋之商股，福州陳寶琛、廈門葉清池、漳州胡子春，均募股最出力者。民國以來，公司更形竭蹶，迭開股東會議，僉謂商辦既難維持，應請交部收歸國有，乃公舉陳元凱為代表，開列公司產業清摺，呈請交部派員接收，當由交部批准，暫為管理，並定代管辦法六條，咨閩省長存案。三年四月，交部派丁志蘭、曹璜接收，名為漳廈鐵路管理處。八年十二月，部議墊款建造嵩嶼碼頭、江東鐵橋暨江漳段路線，改稱漳廈管理局。九年，撥款五十萬元，陸續興工。十年款不能繼，先後停辦。十一年六月，並令將工程縮小範圍，仍稱管理處焉。

## 二、工程

閩路公司，初本撥定先修福州至馬尾、泉州至安海、廈門至漳州三線，尋以福馬工程困難，泉安又不及漳廈有利，因決定先造漳廈。沿線地勢平坦，惟多溪流，故架鐵橋四十一座，築涵洞五十九所，然工程比較不難。嵩嶼車站隔廈門三公里半，用小輪拖載帆船三艘，轉運客貨，雙方均無棧橋，且車站距船埠尚遠，殊多不便，交部曾擬以五十一萬元建築嵩嶼碼頭及接碼頭枝線，又江東大橋架設費，須三十六萬元，皆以無款未辦，現仍以小輪拖帶帆船連絡江東橋至漳州運輸，又備帆船接運郭坑及浦南之內地客貨。嵩嶼至江東橋，興工於光緒三十三年五月，竣工於宣統二年十二月。江東橋至漳州，民國九年五月始測，八月測竣，以交部無款，迄未開工。

### 三、線路里程

本路自廈門對岸嵩嶼起，經海滄、下廳、通津亭、後港溪、石美、蔡店、吳宅，至江東橋，凡九站，共二十八公里，岔道二公里三五〇，總延長為三十公里三五〇，沿線名勝有鼓浪嶼鄭成功觀操台。

## 第三節　粵漢鐵道粵段

### 一、沿革

自粵漢爭回後，鄂歸官辦，湘稱官督商辦，粵則以富庶之邦，由梁慶桂、黎國廉等稟准岑督春煊，完全商辦。未幾，岑恐商力不敷，忽改官辦，加抽各捐，梁、黎堅拒不允，岑命警察拘黎，當時紳商，以黎無辜被逮，大動公憤，同鄉京官、外埠僑民皆電訴政府，請去岑安粵，一面積極籌款，不浹旬，而認股者達四千萬元，岑見商股有成，民氣可畏，釋黎，黎出後，歡聲震全粵，羣願推舉辦路，黎堅辭，不得已，託各善堂經理收股。而善堂恣意攬權把持一切，且運動當局，准其自舉權理人及總副辦，七十二行商憤之，名善堂為善棍，各埠股東皆舉代表力爭。政府命袁樹勳查辦，股東稟袁，所舉權理不合，且擬推唐紹儀為總理，詹天佑為協理，袁韙之，無何，袁去。善棍忽先期私舉總副坐辦，股東乃設會抗拒，齟齬經年，總副坐辦知難而退。周馥督粵後，深恐敗於垂成，特派幹員，查明賬目，布告大眾，並於三十三年六月初二日，召集股東大會，電請郵傳部派員監察，舉定羅寶臣為總理，黃景棠為協理，自是大局始定。然羅堅不就職，董事局推梁誠繼之。入民國後，粵省當局迭加妨害，股欵難收，辦事腐敗，致工程不能積極進行，僅修至韶關而止。近由廣東政府組織管理委員會，從事整理，未識能悉剔除積弊，使粵路修至砰石否耶。

## 二、工程

本路自黃沙北上，循北江左岸前進，於韶州渡湞水，沿武水，至與湖南交界之砰石。韶州以下，工程較易，僅黎洞、連江口間，山勢逼近，共鑿山洞四座，長凡一千二百呎，橋梁、涵洞並計，亦僅共一萬呎。韶州而上，崗巒重疊，須鑿山洞七十一座，總延長二萬一千六百七十八呎，最長者二千二百六十呎，千呎以上之山洞，蓋有五座，且湞水須架鐵橋，工程實最困難，故以資金缺乏，未能繼續展築。湞水大橋，雖築成橋墩，亦祇得停止工作。至已成線，則黃沙至郭塘，係美合興公司所造。郭塘至琶江口，竣工於清宣統二年四月下旬。琶江口至英德，竣工於民國二年五月十日。英德至韶州，竣工於民國四年六月中旬。廣州首站，在城西南珠江北岸，與廣三首站石圍塘，隔江相望。廣九首站，在城東南珠江北岸，均非商務繁盛之地，粵漢公司曾擬築一環城枝路，連絡廣九，迄未實行。

## 三、線路里程

本路起廣州，經新街、英德至韶州，凡二十二站（站名詳後

"各路里程總表"），長四百零八華里五一，均單軌。當海通以前，廣東與中原交通，胥出是途，或由南雄越梅嶺，深入江西；或由砰石經宜章踰摺嶺，深入湖南，早成著名大道。近則韶州或英德以下，北江可航行小輪，蓋水陸均甚交通，將來粵漢全路告成，本路更形重要。

## 第四節　潮汕鐵道

### 一、沿革

清光緒十四年，英商怡和洋行欲造此路，曾從事測量不果。二十二年，英商太古洋行又呈請兩廣總督代造，亦未邀准。二十八年，日本派技師小川資源踏查杭州至廣州鐵道線路，大唱建造本路有利之說。二十九年三月，嘉應州人爪哇華僑張煜南邀集同鄉張步清、吳理卿、林麗生、謝夢池等，集股創辦，於是年十二月初五日，稟准商部奏准立案，隨聘日人為工程師，將工程包與日商三五公司，林麗生投資一百萬元，潮人以為日股，電請商部查辦，卒由張煜南加價三萬元收回。民國以來，先後向台灣銀行借欺歀，以應軍人科歀，聞達一百二十萬元。日本用意，蓋欲延長本路，貫通贛省，與南潯連絡者也。

### 二、工程

本路係沿韓江北上，地勢均屬平坦，故無山洞，橋梁雖有二十九座，亦無大橋，工程因之易易，惟韓江急流氾濫，每年必罹水患，修復路軌，頗費手續。幹線興工於光緒三十年二月，竣工於三十二年九月。意溪枝線，成自三十四年八月。韓江碼頭堆棧，宣統元年八月，亦告竣工。

### 三、路線里程

本路起潮州城西門外，至汕頭厦嶺，設潮州、楓溪、浮洋、鸛巢、彩堂市、華美、菴埠、斗門橋、汕頭九站，長二十四英里二。枝線自潮州西門至意溪臨江碼頭，設西門、意溪二站，長一英里九。

## 第五節　甯陽鐵道<small>舊稱新甯鐵道</small>

### 一、沿革

清光緒三十一年十二月，新甯縣（現改名台山）紳商陳宜禧、余灼等，以新甯至廣州省城，沿途戶口稠密，應造鐵道以利往來，遂於旅美華僑中籌集鉅款，設立新甯鐵路有限公司，於三十二年正月十一日，稟由商部奏准立案。陳旅美多年，積資巨萬，新寧人旅美最多，均信賴之，迨辦鐵道，即自為總理兼總工程師，以路務為終身事業，鐵道員役，胥選華僑充任，故用費極省（平均每華里不過二萬元），論者謂不用客卿，不借外欵，實可為吾國商辦鐵道之模範云。

### 二、工程

本路所經，除斗山至公益埠間有邱陵起伏外，餘皆平原，惟港汊紛歧，架橋多至八十八座，然除新昌江外，亦無大河。江位公益埠、麥港、牛灣三站之間，為新會溯恩平之帆船孔道，如架鐵橋，不第妨碍帆船交通，且工艱費鉅，不易架設，陳宜禧乃造長三百五十呎，寬五十五呎之木船，以長千八百呎之鐵練，緊繫兩岸，絞船裝渡火車。此項渡船，造自香港造船所，費銀二十萬元，此為本路工程最可特紀者也。北街臨西江支流、公益埠臨新昌江處，均建有碼頭，設置起重機。斗山臨三夾海處，亦有民間小艇，往來外海六哩之間。幹線，公益埠至斗山墟興工於光緒三十二年閏四月，竣工於宣統元年四月。第一次展築至新會，興工於宣統元年十一月，竣工於三年八月。第二次展築至北街，興工於宣統三年十一月，竣工於民國二年八月。第三次展築白沙枝線，興工於民國六年，竣工於九年二月。

### 三、路線里程

本路起斗山，經甯城、公益埠、江門，至北街，凡三十五站（站名詳後"各路里程總表"），長達二百二十一華里二九三五。枝路自甯城至白沙，長凡五十八華里七，設甯城、筋坑、水南、官步、三合、黎洞、上馬石、東心坑、長江、田坑、白沙十一站。（此路俗呼寧陽鐵道西南枝路）

## 第六節　南潯鐵道

### 一、沿革

當張之洞倡辦粵漢之初，曾欲自武昌，繞九江、南昌、贛州、南雄、韶州，以達廣州，後以取道湖南為便而止。未幾，日本卽派小川資源調查由閩通贛至九江線路，預備經營。而德亦派軍艦遊弋鄱陽湖，謀侵江西路權。贛省京官李盛鐸等深懼日、德侵略，乃於光緒三十❶秋，呈請商部，創辦江西鐵路有限公司。十月十二日，經商部奏准立案。原擬路線，東通浙，西入湘，南接粵，尋以資金過鉅，僅成南潯一段，且借日欵至七百五十萬元，營業入不敷出，為全國惟一虧折之路，國有省有，俱未得當。現欠日欵本息，四期未付，日本東亞興業會社正謀根據合同，收管全路產業，其勢至危殆也。

## 二、工程

本路所經，地皆平坦，惟九江至賽湖間，地勢低窪，一至雨期，卽成澤國，填高路基之外，並須多架橋梁，幸少大橋，全線鐵橋八十三座，以修水橋為最大，長八百呎；楊柳津橋次之，長六百呎；賽湖橋又次之，長四百三十呎。橋梁皆由日本大倉組包造，工程極不堅實，賽湖橋墩已呈傾斜之狀，贛江大橋尙未架設，省城與車站以小輪及帆船轉運客貨。九江車站在龍開河左岸，已築碼頭，連絡長江水運。全線工程，分為三段：九江至德安，興工於光緒三十四年二月，竣工於宣統三年四月；德安至涂家埠，興工於宣統二年五月，竣工於民國四年十一月；涂家埠至南昌，興工於民國元年十月，竣工於四年十一月。最初豫算，七百萬元卽足，後竟費至一千零四十五萬元云。

## 三、線路里程

本路起九江租界西方之龍開河，經沙河、黃老門、馬廻嶺、德安、建昌、楊柳津、涂家埠、新祺周、樂化，至南昌對岸之瀛上，共十一站，長一百二十八公里一四，岔道十公里六一，共延長一百三十八公里七五，均單軌。本路營業之不振，一因路線太短，二有鄱陽湖輪運競爭，三由公司弊竇太多，無人起而整理故也。

❶ 疑丟"年"字。——編者註

74

# 第七節 箇碧鐵道

## 一、沿革

清宣統元年，滇省紳商以箇舊錫礦為東亞最繁盛之礦區，徒以運輸困難，日就衰落，議造鐵道以圖發展，當由滇督派工程師多萊勘線，未及興辦。民國二年，復呈准雲南行政公署，以滇蜀鐵路公司與箇舊錫砂炭等商組織公司，合股修造，定名為箇碧鐵路股份有限公司，訂定合同，商股股欵由錫、砂、炭三項抽集。省署則由滇蜀鐵路公司厚集股本內，撥認一百四十四萬元，又息借五十萬元，每年由錫砂炭股收入項內，將墊欵陸續清還，抽還若干，卽作為退股若干，俟兩項清還後，股權卽歸箇舊股商全部享有。三年，由雲南民政長咨請交部立案，尋因官股不能撥交，復由滇省長撥歸箇蒙商民自辦，取銷前訂合同。本路初由蒙自縣城起，築至箇舊，曾名箇蒙鐵道，後改今名。

## 二、工程

本路由碧虱寨至鷄街，地雖多山，尚屬平坦；鷄街至箇舊，則崗巒重疊，不易施工。全線山洞八座，最長者達七百法尺，橋梁溝渠，共長一萬三千六百三十一法碼。興工於民國四年，以地方不靖，工程中止，至再至三，延至十年十一月九日，全線始告通車。

## 三、線路里程

本路自滇越鐵道碧虱寨站起，經蒙自至箇舊，共長七十二公里，設碧虱寨、多法勤、蒙自、十里鋪、雨過鋪、江水池、鷄街、乍甸、大谷都、箇舊十站，窄軌，軌間寬六法寸，運輸以米、錫、炭、薪為大宗，營業有盈餘。

## 第八節　齊昂鐵道

### 一、沿革

本路創辦之初，雖為旗民生計起見，亦實省昂交通之要圖。從前司理由官委任，一切路政，官為主持。民國初元，改歸商辦，司理出自推舉，職員交鬨，纏訟不休，弊竇叢生。七年九月，又改官督商辦，造路資金，即由八旗五司會議，稟請以官兵抵餉之荒價撥充。一切建築，非由官廳札飭舉辦，乃由黑龍江鐵路公所總董協領穆興阿及董事通判鶴鳴，與天津德商泰來洋行經理肅茂，訂立包造合同，一切材料，均由泰來洋行包辦，蓋官欵而商營之鐵道也。

### 二、工程

本路地皆平坦，工程容易，於清光緒三十三年十二月興工，訂期三十四年五月以前告竣，嗣因泰來洋行工作遲誤，到限未交，加以是年九月，陡遇嫩江漲水泛濫，沖淹路線數段，遲至宣統元年八月始竣工。民國三年，與中東路局商妥，又由終點紅旗管子屯，向西展築二華里，連絡中東路昂昂溪車站。

### 三、線路里程

本路係窄軌輕便鐵道，起齊齊哈爾城南，經五河瑪屯，至中東鐵道昂昂溪站，凡三站，長四十七華里，又岔道五里，總延長五十二華里，建設費共二十六萬八千五百兩。齊齊哈爾車站在城西南五六里，須乘騾車始達市街。

## 第九節　大冶鐵道

### 一、沿革

清光緒十八年十二月十五日，鄂督張之洞以欲採大冶鐵礦，必先築路以便運輸，因奏准開辦本路。十九年二月，聘德人從事工程，德使要求入股五十萬兩，張督允之，旋招比股以還德股，後又剔除比股。至二十九年十二月十四日，日本以將與俄國開戰，而製造兵器之鐵料不敷，特派伊藤博文、井上馨來華，運動西太后與盛宣懷訂結《冶鐵借款條約》，以該鐵礦作抵，十五年間，日本有專買特權。本路資金原有湖北官款一百五十萬兩，洋債五十萬兩。現統歸漢冶萍公司承辦，而以運鐵為主者也。

### 二、工程及線路

本路起大冶鐵礦之鐵山舖，經新豐、得道灣、下陸澤、季家房至揚子江南岸石灰窰（在黃石港下流三里），長凡三十六里。枝線自得道灣至獅子山，長二十里，共長五十六華里。光緒十九年五月興工，二十年十一月竣工。軌間四呎八吋半，軌枕皆用鐵材，石橋二十一座。

### 三、大冶鐵礦

大冶鐵礦，唐之永興年間即經開採，宋代因之，益著成績，土人盛傳岳飛曾主其地冶政。今之礦區面積達二百平方華里，礦量約二億七千萬噸，最少可採一億噸。除象鼻山外，悉為民地，山谷之間，遍露鐵礦，以金山店、新別山、下陸山、礦山及銀山頭等處為最傑出。現已開採者，為得道灣之獅子山、鐵門坎之鐵山。全山聳立大鐵塊，俯拾卽是，採礦最易，每噸所費工資，不過六角六分，現有礦工四千人，每日可採一千八百噸。礦質大半屬磁鐵礦，含赤鐵礦及褐鐵礦者亦多。鐵山鐵質不純，漢陽鐵廠所用，皆此物也。獅子山所產，視號世界第一之瑞士鐵礦，毫無遜色，含鐵至百分之六十五，概為日本八幡製鐵所運去。不識公司當局，是何居心，大冶鐵礦主權皆屬漢冶萍公司所有。

## 第十節　台棗鐵道

### 一、沿革

本路為山東嶧縣中興煤礦公司專用鐵道，兼運客貨，於清光緒二十五年，由代表張蓮芬稟由北洋大臣裕祿、直隸礦務局督辦張翼奏准，定名為華德合辦中興煤礦有限公司，其股華六德四，摺內聲明，由礦廠築一鐵道至台莊運河，嗣因拳亂未辦。三十年五月，張擬先招華股六成，緩招德股，訂立章程，稟明魯撫奏准。三十四年八月，復由張與直、魯、蘇、皖四省京官會商，以德股迄未交付，有名無實，議定銷去華德字樣，改稱今名，同時另組中興運煤鐵道有限公司，擬定章程，於是年九月初六日，經郵傳部核准修造。二十四日，郵部據該公司股東朱鍾琪等稟請，委派中興煤礦公司總理張蓮芬，兼充中興運煤鐵道公司總理。民國成立後，依照公司條例改組，運煤鐵道仍由煤礦公司兼管。

## 二、工程及線路

本路起運河台兒莊，經泥溝、嶧縣，至棗莊，與津浦、臨棗枝線接軌，共設四站，長九十華里，軌間四呎八吋半，皆單軌。興工於清光緒三十四年十月初，竣工於宣統二年三月底，架橋二十二座。鐵道材料均購自德商瑞記洋行，路線循石龍河岸，地皆平坦，工程甚易，於運河建造碼頭，以便帆船停泊，裝運煤炭，一般船戶均感便利。

## 三、嶧縣煤礦

嶧縣煤礦，距嶧縣棗莊東約一哩，自西南齊村附近，至東北安城，亙二十餘華里，南北廣三華里至七華里，一望平原，均屬礦區。西半部屬中興公司，東半部屬廣益公司。自元以來，繼續用土法採掘，中興公司起，始用西法，計畫每日採煤二千噸，現僅採一千噸。全區面積擴至三百十七平方華里，分為嶧縣郭里集西北、山家林及藤縣陶莊一帶，並原有之棗莊附近三區，共含煤量二億噸，煤質良好，適製焦炭，且較井陘、開灤所產，易於引火，尤為用戶歡迎云。

# 第十一節　天圖鐵道

## 一、沿革

本路係輕便鐵道，日人假中日商辦名義，侵略我延吉道區者也。先是日本欲令朝鮮與我吉林開闢交通捷徑，屢索吉會鐵道承造權，政府頗從輿論，靳而未與，嗣雖與訂草約，亦難立見實行，日人迫不能待，乃謀先造本路。民國五年十一月，居留延吉日僑創設天圖輕便鐵道期成會。尋得開採天寶山銀礦大興公司之助，卽將此路作為礦山附屬事業。七年三月，由大興經理飯田延太郎誘致吉紳文祿，訂立《中日官商合辦天圖輕便鐵道合同》，資金四百萬元，中日各半，華股如不欲出現欵，日商可以代墊，設總公司於延吉龍井村，從事測勘路線，後以吉省士紳反對，日人於十一年十月十二日，運動張作霖，另訂合同十四條，路權遂得完全確定矣。

## 二、線路及工程

本路起天寶山銀銅礦廠，經老頭溝、銅佛寺、延吉、龍井村，至圖們江岸，與對岸朝鮮上三峯之圖們鐵道（上三峯至會寧）連絡，以接會寧至清津港之鐵道，浮日本海，逕達日本內地。民國七年九月，開始測量，十二月測竣，豫備八年三月興工，九年九月竣工。後以種種障碍，僅於八年下半年，造成韓境圖們一段輕便鐵道，長凡二十五哩，華境三段工程（自圖們江岸之地坊至龍井村為第一段，龍井村至老頭溝為第二段，老頭溝至天寶山為第三段）至十二年十月十四日，始告竣工開車，凡長六十三哩，另有延吉枝線五哩，共延長六十八哩，軌間二呎六吋，材料皆屬日製。

## 三、天寶山銀銅礦

本礦位於延吉縣哈爾巴嶺東南，布爾哈通河上流。清光緒十五年，經程光第探勘，始以銀礦著名，與三姓金礦，並稱佳礦。當時採掘，據吉林將軍長順奏稱，每砂千斤，可提銀三十三兩。日俄戰後，日人中野天門偷採此礦發現並含銅礦，吉省當局查知，暫為封禁。民國四年冬，又為日本大興公司獲得採掘權，積極經營，已費日金六十餘萬元。現採之壁山、立山兩處，每日採砂達十萬斤，煉砂只能一萬八千餘斤，得銅一千四百餘斤，現正謀擴鎔爐，大舉煉砂。本礦區所含礦量，壁山四十萬噸，立山二十萬噸，此外，尚有試採數處，所含銀銅礦脈，亦極豐富。

## 第十二節　雙城鐵道

### 一、沿革

雙城為吉林產糧要區，自中東鐵道開通，雙城商務日盛，惟地勢低窪，交通阻滯，俄人以距雙城車站最近，揚言欲築輕便鐵道一條，通至雙城城內。該縣紳商，乃於民國元年，倡議自辦，籌備數年，始集商股二十三萬四千元，公股一萬二千元，呈請吉省長，轉咨交通部，頒發註冊執照，六年二月二十三日，經部暫准立案，亦一窄軌鐵道也。

### 二、線路及工程

本路由中東路哈長線雙城站起，直達城內四街，均單軌，設岔道五處，共延長十二華里，軌間四呎，車輛以馬曳之，每次車隊開行，套馬四匹。工程因地勢平坦，僅三閱月而成，民國六年二月三日開工，五月六日竣工，十日開車營業。

## 第十三節　坨清鐵道

### 一、沿革及工程

本路係高架線，原京西房山縣屬坨里村、周口店一帶，皆產煤要區，惟萬山叢錯，運輸極不便利。阮崑林等特於宣統元年，發起招募股欵，創辦高架鐵道，由坨里、周口店總站，分別運銷於京津滬漢各埠，然以交涉迭生，至民國二年十二月，始正式成立公司，經農商部立案，交通部發給執照。工程則坨里至前山一段，宣統元年六月開工，二年十二月竣工；前山至清港一段，元年六月開工，三年五月竣工，此幹線也。前山至紅煤廠枝線，亦係元年六月開工，竣工於三年二月。周口店至長溝峪一段，於民國八年開工，今已通車。全路高架鐵橋八座，建設費共約三百萬元，營業歲有盈餘。

## 二、線路及煤礦

本路幹線，自坨里至清港溝，為循環雙軌線，凡六十四華里，設坨里、萬佛堂、南車營、前山、後山、西安嶺、北窰、安子、清港溝等九站。枝線目前山至紅煤廠止，為循環雙軌線，凡十四華里，設前山、佛子莊、紅煤廠三站。自周口店至長溝峪止，亦循環雙軌線，凡十四華里半，設周口店、東山口、小山、長溝峪四站，總延長一百八十五華里，沿線均係煤區，計清港溝有二十九窰，安子有十八窰，北窰有十五窰，中窰有七窰，佛子莊有九窰，前山有七窰，後山有十窰，共有九十五窰云。


# 第十四節　柳江鐵道


## 一、沿革及工程

本路係直隸柳江煤礦公司李等築成，經交通部於民國四年八月批准，填發執照，五年，復呈交部，派員驗路，並擬由柳江線中途起點，設一枝線至寶興，復設一線至石門寨。當由交部派技士曹璜履勘。據查原擬延長路線，核與工程運轉費用三者，均有不合之處，因改定由柳江終端連貫，轉傍山坡，經寶興公司礦前，直達石門寨。再由寶興公司礦前，設一枝線，以達寶興礦井。六年十二月五日，直省長曹琨電交通部，稱該礦有借用洋欵，與中日公司訂立合同，並附股二十萬元之說，請飭將草合同取消，交部據咨農商部，密令直隸實業廳查復，迄無後文。鐵道為三十英寸窄軌，興工於四年十月，竣工於五年七月。橋梁六十八座，其延長線興工、竣工之期，皆不得詳。

### 二、線路及現狀

本路自京奉鐵道湯河站，至柳江礦區，長凡三十四華里，設湯河、杜莊、柳江三站，均單軌，延長路線里程站數，均待調查。自民國十年，京奉線將湯河站撤廢，移設秦皇島。本路客貨不通，全線歸於無用，後該公司商借開灤礦局路基，展築鐵道八里，至秦皇島焉。

## 第十五節　怡立鐵道

本路係民國六年四月，直隸磁縣怡立煤礦公司所籌築，經交部查核，卽京漢擬築五枝線之一，以欵絀未能興工，特於八年十月二十一日，批准由該公司修造。十年，復請展築至彭城鎮附近紙坊村一段枝線。雖經交部批准，惟具附加條件四條：一，須築寬軌；二，無論何時，得由交部收買；三，不准以路礦抵借外債；四，不得攬載客貨，云云。其線路起京漢路馬頭鎮站，經車騎關等處至西佐村，計長四十英里，設馬頭鎮、林澤、西佐村三站。興工於八年十二月，竣工於九年十一月。由西佐村經街兒莊，至紙坊村，計長十三英里，因與官煤爭執礦區一案，致工程遲延。共延長五十三英里，皆單軌，軌間二十九英寸半。

# 第十六節　大豐鐵道

民國七年，商人姚眞、傅厚德等呈准農商部，於宛平縣車廠村等處，開採煤礦，設立大豐公司，其煤均運至周口店銷售，以道路極其崎嶇，特呈交部，請修運煤專用鐵道。惟房山縣周口店一帶，在清末王賢賓等，請辦坨清高架鐵道時，卽規定在路線範圍以內，後坨清於民國三年，經商人阮崐林等，遵照財部投標章程，集資承買，並於四年，呈請修築周口店至長溝峪一線，已由交部核准立案，發給執照。至是阮商因大豐公司，請修車周，其位置與周長前測路線相同，認為損害權利。呈訴交部，交部當飭京漢路局，派員澈查，結果以周長在擴充高架鐵道，純係營業性質，大豐所擬路線係專供運煤之用，無競爭可言，交部據於八年七月，批准大豐修造。九年正月興工，十二月告竣。計由宛平縣車廠村起，經西莊，止於房山縣之周口店，共長十二華里，軌間二呎八寸半，建設費平均每華里一萬元。

## 第十七節　民興鐵道

民國四年，商人許鳳麟等自集資本，呈准農商部，在直隸井陘縣白土坡地方，設立民興煤礦公司，開採煙煤，至八年六月間，每日出煤四百餘噸。惟礦廠距正太路井陘車站，約三華里，騾馱車載，腳價非常昂貴，修造輕便鐵道，又中隔綿河，河寬流急，橋梁易被冲塌。該公司因於八年三月四日，呈請交部，建造高架鐵道，以利運輸，九月二十九日，交部批准給照，但聲明如將來井陘車站遇有更改，該公司已設之高線，在近站一部份，有須更改之處，經正太路局知會後，應卽遵照辦理，云云。線路由礦廠至井陘車站，八年十月開工，九年七月竣工，路線係用一寸鋼繩，與坨清、寶昌兩路相同。

## 第十八節　寶昌鐵道

民國七年四月，寶昌煤礦公司在直隸井陘縣屬郝家台、石版片、西村、周家坑等處，領有礦區，開採煙煤。惟距正太鐵道井陘車站，幾五華里，地勢峻險，鳥道羊腸，駝運極為不便，採至九年產煤極旺，質亦佳良，煤積如山，無由輸出。該公司總理陳寶善遂於是年十二月，遵照交部《專用鐵路暫行規則》，呈請架設高架鐵道一條，十年五月三十日交部批准給照立案，卽於是月十三日興工，十一年十二月二十日告竣。線路由鄭家地礦廠起，經朱家疃村外西北邊、郝營村外東南邊、南關村正南，至井陘車站傍寶昌公司儲煤廠內，計長六華里。

## 第十九節　齋堂鐵道

### 一、沿革

本路最初由宛平縣紳商賈聚德等，於民國元年七月三日，稟准交部建造，以第二批股款，呈驗衍期，其後他商呈請交部擬辦者，多至十九起，交部遂聲明，應由京張路局自行籌築，於六年四月二十一日，將商辦各案，一律取消。嗣經詳細審查，認為京張關溝一段，無改築之必要；城齋一線，不妨暫由商人承築，但規定曲度及斜度，均照標準鐵路辦理，以為將來收買地步。適呂調元等組織官商合辦齋堂煤礦公司，呈請交部，將城齋劃歸籌辦，擬一面開辦該礦，一面籌修運道。八年七月，呈驗資本一百三十萬元，交部派員查驗屬實。九月三日，發給暫准立案執照，並附加條件四條，即一，得由部收買；二，不准以路抵借外欸；三，隨時派員查賬；四，一切建設，與京張一致。九年十一月，該公司呈請交部，寬軌路長工大，懇准予先修窄軌，俟股欸招集，再行改寬。十年五月四日，交部核准，暫行通融辦理，給予正式立案執照，惟令於各項工程，均按雙軌預備云。

### 二、線路及工程

本路由三家店起，經王平村、安家莊、下馬嶺、青白口，至齋堂礦區，計長六十二公里。工程頗為艱巨，全線依山傍河，幾無平坦之地，中間計有山洞七座，共長一千七百一十五公尺，開山之處，更不勝計，大橋四座，共長八百一十公尺，小橋、明溝、涵洞一百二十五處，共長四百五十公尺。其塡挖路基及禦水堤，高深數公尺，至數十公尺不等。軌間定三英尺。齋堂公司預計十一年三月一日開工，十三年八月末全路竣工，然迄今尙未聞公告開車之期，度其工程，未能如預計也。

## 第二十節　龍煙鐵礦鐵道<sup>（卽軍山）</sup>

龍煙鐵礦公司於民國八年十一月九日，咨呈交通、農商兩部，請准從軍莊至石景山，修造輕便鐵道，以便運送將軍嶺之石灰石，至景山龍煙煉廠，以供化鐵之用，一切建築經費，由公司自籌。嗣因須越過京綏鐵道之京門枝線，技術上稍有困難，九年五月六日，乃請改築寬軌，自將軍嶺達三家店；自三家店至石景山一段，則租用京門枝路，以免紛歧。十三日，交部批准，頒發執照。十五日興工，十年六月底告竣。鐵橋三座，共長一百五十二呎；山洞四座，共長六百八十七呎。路線起將軍嶺，經軍莊村，沿永定河支流東岸，至三家店車站，與京門枝路接軌。計本線十里弱，岔道二里半，共延長約十二華里半，約費四十萬元。

## 第二十一節　大窰溝鐵道

本路係民國三年九月，奉天錦州大窰溝通裕煤礦公司所築，專為運煤之寬軌鐵道也。嗣因公司損失，出煤無多，兼運沿途客貨，並於六年十月，向日商安川敬一郎借款二十萬元，改為中日合辦。雖該合同聲明，劃出鐵道自辦，然路礦相倚，難保無他，且女兒河枝路，載在關內外借款合同，交部因令京奉路局，收買該路，乃該公司不願售讓。交部為預防國際糾葛起見，特令出具確實保證書，呈部存案，如下四項：一，由該礦廠通京奉女兒河之一段枝路，永遠為華人股份，與他國個人或機關，確無直接或間接之關係；二，該枝路以前並未抵押與人，以後永遠不得向外國個人或機關抵押款項；三，該路線之管理權，永遠由華人自主；四，該公司鐵道，如有改良擴充計劃，應先呈部核准，方能辦理。業經該公司於八年四月呈明交部，切實保證聲明，換領新照，改名錦州通裕民業鐵路有限公司焉。線路起京奉路女兒河站，經拉嘛屯、邵集屯、黃家屯，至沙鍋屯大窰溝礦廠，長五十四華里，均單軌，民國四年五月興工，五年七月告竣，橋梁三十座，開鑿山麓三處，卽金拉山、荒地山、東山是也，工程不甚堅實。

## 第二十二節　溪城鐵道

民國二年，奉天本溪縣議會議長金品三請得本路建造權，乃與日人權太親吉組織中日合辦鐵道公司，着手建造工程。奉省當道，以利權外溢，下金於獄，封閉鐵道公司。然同時日商大倉組亦取得本路承辦權，向太子河上流調查路線，權太親吉乃向南滿鐵道會社請願，獲允助以資金及工程材料，並派技師前往助理工程，嗣又加派社員，常駐本溪湖，監督調查。三年九月，奉天巡按使與南滿鐵道會社及本溪湖煤鐵公司代表商定，作為南滿鐵道會社、本溪煤鐵公司合辦。五年四月，訂定《溪城鐵路公司章程》，名為中日合辦，實不啻安奉一枝路也。路線起安奉鐵道本溪湖站，經牛心台至城廠，幹枝共長七十八里，軌間二呎六吋，乃運煤之輕便鐵道也。太子河岸（首站）至牛心台一段及由牛心台至紅臉溝與王官溝枝線（長三哩餘），均於二年十二月竣工。牛心台至城廠一段及大南溝與小南溝枝線（長約二哩），三年六月，卽經勘定路線，興工竣工之期，則不得詳。牛心台煤礦亦由中日合辦之彩合公司經營，煤質屬無煙粉煤，每年產十萬噸。

## 第二十三節　廟兒溝鐵道

本路起安奉鐵道南坎站，至廟兒溝鐵礦山麓，長五英里，乃運鐵之輕便鐵道也，為本溪湖煤鐵公司所建造。本溪湖鐵礦著名最早，清代乾隆、同治兩朝，開採極盛，尋以洋鐵輸入，始歸停廢。當宣統二年，日本大倉喜八郎與奉督錫良訂約，設立本溪湖煤礦公司時，卽認開採廟兒溝鐵礦，兼營製鐵事業，為必要之圖。三年九月，更與錫良訂約合辦製鐵部，改為本溪湖煤鐵公司，資本亦由二百萬元，擴為四百萬元，後又增為七百萬元。現有二十噸及三十噸鎔鐵爐各二座。歐戰期間，採鐵工役達一萬一千人，戰後減工三分之一。每日採鐵二三百噸而已，廟兒溝位南坎站南偏東，由礦井至山麓，尚約一哩。

## 第二十四節　博山鐵道

本路為商人馬官和等所造，原用人力推車，民國九年三月，經交部批准立案，發給執照，嗣以地勢傾斜，異常危險，改用汽力，行駛機關車。後經交部於十二年四月，換給執照，乃運煤鐵道也。線路起膠濟路博山枝線之博山車站，經八陵村、黑山、西河村等處，至馬道地，約長四十華里。由博山至八陵村二十四華里，竣工於十一年秋間，原限三年全路竣工，今已全路告竣，共費四十萬元。

## 第二十五節　賈汪鐵道

江蘇銅山縣屬，富產煤礦。清光緒末，曾設有賈汪煤礦公司，由胡光國總其事。惟自賈汪至津浦路之柳泉車站，相距數十里，專恃牛車駝載，費重利微。胡於宣統三年，呈准郵傳部，修造此路。自賈汪西至柳泉車站三十華里，南至泉河枝路十二華里，共長四十二華里，均單軌，宣統三年十月開辦，民國五年一月竣工，乃運煤輕便鐵道也。

## 第二十六節　長興鐵道

本路係浙江長興煤礦公司創辦，以開採長興縣合溪鄉煤礦轉運艱難，乃於民國九年六月，遵照交部專用鐵路暫行規則第三條之規定，呈請造一輕便鐵道，旋經交部批准，發給執照。線路自礦廠起，經蔣家莊、小浦至五里橋，四站，均單軌，長四十八華里，岔道十二華里，共延長六十華里，十年三月興工，十一年六月告竣，鐵橋三十八座，共長二百十三公尺，建設費共用一百萬元。

## 第二十七節　益華寶興鐵道

民國九年，安徽益華鐵礦公司因開採當塗縣龍家山、碾屋山、蘿蔔山等處鐵礦，以距揚子江岸較遠，於礦砂輸出，材料輸入，均甚困難，呈請交部建築輕便鐵道一條。會直皖戰起，交部無人主持，公司迫不得已，就近在安徽督軍署稟准開工。旋由交部批飭停止工作，公司遵辦，並附呈股款憑證，交部檢驗無異，乃於十年九月批准，發給立案執照。十二年十月，與寶興公司連署，呈請交部，取消寶興線路，就益華合資經營，名為益華寶興公司專用鐵路。線路自當塗縣屬蘿蔔山起，經王家莊等處，至神農洲江口止，長三十三華里，十一年秋卽已竣工。全線鐵橋二座，石橋四十五座，揚子江岸建有碼頭及存砂場，並設鐵躉船一艘。

寶興亦當塗縣鐵礦公司，於民國十年五月，請准交部，建造自采石磯江岸起至東山、黃山、沿凹山輕便鐵道一條，計長三十一華里云。

## 第二十八節　桃荻鐵道

本路係安徽裕繁鐵礦公司專運鐵砂而設，初由中日實業公司屢向交部函請，嗣由安徽省長倪嗣冲轉咨交部，當經交部核准，倪復以省議會反對及礦案未結為詞，咨請交部註銷。六年六月，倪又函交通部，謂與日本林公使磋商就緒，請將執照發給轉交，交部以案關重要，未卽照發，乃咨呈國務院核示，並諮詢農商部礦案情形。農部復稱，關於公司礦業及與中日實業公司所訂售砂合同，並聘用日本技師，均經核准，交部乃將此案提出國務會議，議決照准。遂於是年八月，發給建築專用鐵路執照。路線由繁昌縣荻港鎮龍窠江邊起，至桃冲山腳止，長五英里一二五，單軌，站三，六年十月興工，七年八月竣工，建設費共銀六十二萬元，皆由裕繁鐵礦公司撥付，不計利息。

## 第二十九節　龍溪鐵道

漳州為閩南天府，土性腴美，百產蕃庶，徒以交通梗阻，未能盡闢利源。閩人林資鏗等乃集股十二萬元，組織龍溪鐵路股份有限公司，稟由福建巡按使轉咨交部。民國四年八月，交部核准，發給立案執照。路線自石碼鎮起，經翁苑村、龍溪、謝坑村，至浦南鎮，凡五站，長六十六華里，岔道三里，共延長六十九華里，均單軌，軌間二呎六吋。開辦於六年一月，竣工於七年十月，橋梁八座，車輛用人力推送，速率每小時約十英里。

## 第三十節　程漳鐵道

漳州之程溪墟，素以物產豐富著名。民國四年七月，閩省紳商黃恩培等集股七萬元，創辦此路。五年十月，呈交通部立案，設公司於漳城。路線由程溪墟起，經市仔、蓮花墟，至漳州灰窰，單軌，四站，長三十華里。五年十月開辦，六年十二月竣工，軌間二十四英寸，橋梁八座。營業年有盈餘，與龍溪線同。

## 第三十一節　泉東鐵道

民國五年十一月，閩人黃培松以泉州晋江為百貨麕集之區，創設泉東鐵路公司，呈請交部立案。嗣以所募華僑股欵甚多，受歐戰影響，股東觀望不前，迄無開辦消息。所擬路線，自晉江縣東石鄉起，經丙厝、安洲、臨水、林口、內塘、蘇內、福坡、曾井、青陽鎮、溝頭、蘇厝、新店、沙珵諸鄉，而終於泉州南城外新橋尾。其由丙厝附近迤西，經浦邊、橋頭，而至安海，則修枝路，全線長約七十華里。

## 第三十二節　汕樟鐵道

民國五年春，汕頭永和洋行經理蕭信棟以澄海及樟林人民，在汕營商者極多，往返交通，全恃轎子，害事費時，發起集股三十萬元，修造本路。九月，公司成立，即以汕頭至澄海為第一段，十二月興工，六年十一月，通至下埔；八年一月，通至澄海。第二段，澄海至樟林，初擬繼續接修，尋乃變更計劃，先造第一段雙軌，全線共長六十四華里。汕頭至澄海，為三十華里，均窄軌輕便鐵道。客車皆做轎式，藤制二人並坐者為特別車，竹製四人背坐者為普通車，以壯夫自後推行，猛推數步，躍立車沿，順勢自行，其速如飛，汕澄之間，一小時餘即達。營業歲有盈餘，此種手推輕便鐵道，台灣到處有之，本路及龍溪皆做自台灣者也。

## 第三十三節　東龍鐵道

廣州東郊至龍眼洞地方，毗連數十村落，人口達十餘萬，既富土產，又為百貨銷場，惟轉運純恃人力，倍覺艱辛。民國三年十二月，鍾聚廉等集股二十萬元，創辦此路，以利交通，經於五年一月，呈准交部立案。路線由省垣東郊棉花架起，經沙河、燕塘、黃麖塘、銀坑嶺、螺岡，至龍眼洞，計長七十華里，單軌，輕便鐵道，本定五年一月開工，嗣以兵禍連年，迄今尚未興辦。

# 第三十四節　井富鐵道

　　四川富順縣屬自流井產鹽最多，人口數十萬，工業甲全川，惟貨物輸出輸入，艱滯異常，雖井河可通舟楫，而閉閘待水，往往遲至數十日，且常涸淺，又須搬運過壩，費時糜款，商人苦之。前清錫良督川時，曾飭富順縣會同官運局，議修鐵道，以款鉅難籌而止。民國三年，川人廖思楨等歸自宜昌鐵路局，適聞洋員丁思氏，以運道艱難，有修築鐵道之說。富順紳商乃開會分擔認股，決造輕便鐵道一條，由井廠至縣城，計長五十五華里。七年三月，呈准交部，暫行立案。十月，請發正式執照，交部以外部咨稱，有准英使面稱，係借日欵修築，特批令切實聲明，並取具確實保證呈核。旋經川省在京官紳及四川劉督、瀘州楊道，函電催促，並證明確無外資，交部乃於十年一月，批准正式立案，並禁止私招外股或借外資，其後自流井富榮全廠商民黃復興等電京，控該公司借有日債。十一年十月，張維綱又告該公司協理陳元鋆、劉德麟，於十年四月三十日，與日本東亞興業會社代表森清治，訂立借款合同，計借三十一萬一千九百九十八元四十七錢，為該公司創辦籌備費，以發起人所有全部財產担保。交部咨請鹽務署，轉飭四川運使，就近派員往查，旋據復稱，實有其事，乃撤銷其立案，日款已實交十八萬二千九百五十七元云。

# 第十四章　約定國有鐵道

## 第一節　浦信鐵道

　　本路為清光緒二十四年七月初五日，英使向總署所索承辦五路之一。初八日，督辦鐵路總公司大臣盛宣懷函總署，謂英意在將滬寧與蘆漢幹路相接，以便振興商務，故有是請。二十一日，總署照復英使，謂已派盛與英商妥辦。十一月十六日，盛與恰和洋行訂草合同五條。二十五日，彼此照會簽定，一切做照滬寧辦理。旋以拳亂發生，遂擱置。三十四年五月十二日，英使朱邇典照會外務部，請派員商訂正式合同。其時郵傳部以該路地頗僻塞，恐無利可圖，特咨外部，照覆從緩辦理。嗣後英使於六月十二日、十月十六日及宣統元年六月十八日，曾三次照催，且聲明路線儘可由貴政府更改，然郵部仍未之決也。

　　民國繼興，英使以滬寧雖竣，然未達中原，無由發展，而比、法又已獲得隴海借欵特權，乃迭向政府嚴催。至二年一月十三日，交部以前項草合同中，有先勘路線再商正約，並因窒礙可卽更正之文，乃呈准簡派沈雲沛，籌辦浦信路事，並商訂借款合同、十八日，沈於北京設籌辦浦信鐵路事宜處。二月十八日，交部函交通銀行，暫墊測勘經費，沈卽分派各工程師踏勘，七月覆測，並與倫敦華中公司妥訂合同，於十一月十四日，由財長熊希齡、交長周自齊與華中公司代表梅爾思簽訂三百萬磅借款合同二十五條。十二月三日，沈以路線已改勘，合同已訂就，呈請取銷籌辦處，改為總公所。交部卽呈派沈為督辦，下設總務、考工、計核三科，另於烏衣鎮設工程局，以勞之常充局長，英人鮑思充總工程師，哈爾伯副之，置工程師十二員，華三英九，下設購地、材料、電務、會計四處。三年八月四日，交部以歐洲激戰，匯兌不通，令該路暫行收束。十日，沈覆遵辦，其成績計測正線九百八十里，壽州枝線二百二十里，共一千二百華里，經覆勘者居十之七，又購地百里，土方工作五十里，架設電線一百六十里。五年八月三日，交部裁撤浦信督辦公所，派津浦局兼管路事。九年三月七日，交部以歐戰已停，擬與華中公司商議繼續辦理，復設總公所，呈簡徐世章充督辦。十一年五月三十日，交長高恩洪以債票旣不能發行，該公所等諸虛設，復裁撤之，計由華中公司，先後墊款二十萬零七千二百五十五磅十六先令十七辨士。

　　本路起津浦線烏衣鎮，經盧州、六安、正陽關、霍邱、固始、光州、羅山，至京漢線信陽州。沿線皖境中部，地味豐沃，盛產米茶，豫境亦富產大豆、麥、芝蔴，且沿線又富煤礦，不第足供路用，並可大為輸出。據民國二年，政府委員在參議院本路審查會報告，通車後之利益，比各路減四成預計，猶可歲收三百五十七萬二千元，開銷各項，可得餘利七十五萬五千元，則本路實隴海之有力競爭線。設更延長至湖北襄陽，進而直達西安，則凡陝、豫、鄂、皖四省貨客，皆將為所吸收，隴海更損失矣。

## 第二節　寧湘鐵道<sup></sup>附皖路

民國二年冬，江西省政府為修南昌至萍鄉鐵道，與中英公司曾訂草合同九條，定借紋銀一千萬兩，咨報交部。交部以南昌既非巨埠，又無出海之途，乃於國務會議，提議延長路線，以南京為起點，萍鄉或長沙為終點，並收併皖路及株萍鐵道，改名寧湘，眾僉贊同。十月二十六日，交部遂派英人富爾德踏查，三年三月二十六日測竣。三十一日，由財長周自齊、交長朱啟鈐與倫敦中英公司，簽訂八百萬磅借款合同二十四條及附件一紙，附件聲明，以銀二百萬兩，收回皖路；四百二十萬兩，收回株萍。株萍路一俟收齊上款，卽由英派一工程師，負養路責任，並充寧湘鐵道總工程師所屬測勘之職。四月十日，派孫多鈺為局長，方仁元副之，卽於交部設籌備處。十月二十日，在寧設局，下置總務、總工程、總核算三處，以英人格魯扶為總工程師兼總管賬。十二月十四日，派第一測量隊測休寧至南昌間，四年三月三日，派第二測量隊測南昌至醴陵間。七月二十六日，派第三隊測南京至休寧間，由英人柯樂任分段工程師。五年四月十一日，中英公司代表梅爾思函稱，歐戰發生，實無法籌款，全路測竣，應卽暫停。五月一日，交部令行該局，速行收束。八月三日，由交部路政司兼管寧湘路事。十月十四日，總工程報告及圖冊送呈交部，略謂全線計長六百七十五英里，共需九〇・〇一一・二六三元（連蕪廣、休屯枝線在內，與寧國至嘉興另算者不同），平均每英里需一三三・三五〇元。並稱與富爾德原勘線，其不同者有三，自以現定者為優云；又寧國至嘉興之枝線，為借款合同中所未列，因原擬之徽州至杭州枝線，過於險峻，難施工程，故改測此線以為出海之路，其起訖，自寧國東南行，經廣德州、泗安、湖州至嘉興，凡一百二十六英里，斜度曲線均極合用，平均每英里約費一〇七‧四五一元，沿線出產甚旺，米絲尤多，於五年十月十四日測竣。總工程師格魯扶雖稱現定之線，較富爾德原勘者為優，然亦有是富之取線平直者。其總報告，稱路長六百四十三英里，共需建設費七六‧〇八‧九二五磅，方諸新線，約省三千餘萬元，姑並存之，以為將來參考。十一年冬，交部又擬辦寧湘，經路政司於十一月二十九日，呈明，為寧湘與杭贛線關係甚大，非俟其勘竣，不能決定，故至今未興工焉。本路英人謀之最久，以與沙興線為姊妹線，藉確定其在揚子江鐵道權利者也，且皖贛兩省，物產豐富，將來容易開發，合成中國中南部第一主要通商路也。

皖路既歸併寧湘，其以前歷史亦應略為紀述。在清光緒三十年，安徽京官呂佩芬等呈請創辦全省鐵道，商部以無具體辦法駁之。六月，再呈擬籌開辦費二百萬兩，先築蕪湖至寧國八十一里，以次北通蘆漢，南聯贛，東達浙，經商部奏准，並派李經芳為總理。七月，李議招股四百萬兩，改築蕪湖至廣德。十月，皖撫誠勳奏准開辦鹽米茶三捐。三十一年三月，聘腦威及日本人三員為工程師。三十二年十一月，呈報先辦蕪湖至屯溪，直通浙境泗安鎮。三十三年二月，李奉命使英。十二月，周學銘繼任總理。三十四年五月，郵傳部派顏德慶調查路線股資情形，覆稱路線頗佳，差款甚巨。宣統三年三月，周病故，已用銀二百餘萬兩，所成路工，僅蕪湖、灣址間土方五十餘里，而工價料價，竟無款可付，迭起訴訟，工程因以中輟，股東不再舉總理，紛議查賬。民國二年一月十日，設立董事局，舉許承堯、潘贊化為正副理事，並擬借債築路，交通部力駁之，電皖督柏文蔚禁止。六月，柏電交部，贊成蕪廣收歸國有，併入寧湘。七月，米商及公司復以為請，交部令派代表赴京磋議。十月董事會電舉金介堂、方夢超、呂超羣，與部接洽。三年三月三日，由交長朱啟鈐與金等訂定接收合約十一條，由部將股債各款歸還。三十一日，寧湘借款約成，遂以之歸併寧湘焉。

## 第三節　沙興鐵道<sup>附廣渝</sup>

　　本路為廣渝之改線，先是民國元年九月，政府設立鐵路總公司，所有全國各幹線得全權籌辦，特派孫中山為總理，孫因設總公司於上海，約各國資本家，籌商借款築路。至二年七月四日，始與英商寶林公司訂立由廣州至重慶鐵道借款合同十九條，命駐京調查處主任王正廷，送交通部備案。是時適李烈鈞等興兵討袁，孫由暗中主持。袁於七月二十三日，明令撤銷其辦路全權。八月一日，英使照會外部，稱孫與寶林公司所訂合同，請聲明繼續有效。外部據函交部查覆，交部覆稱，鐵路總公司第八條，應經政府批准，始生効力，該合同既未批准，自然無効可言。英使旋又催詢，究竟如何辦理。始由交部與寶林代表法蘭芝，另行接洽。其最要者，卽謂廣渝間，山嶺險峻，無路可通，且線路與中央不相聯貫，故欲繼續該項借款權利，則改線為第一前提。爭論數月，法蘭芝力主前線，不允更改，後經部派羅國瑞，與之切實磋議，至十二月六日，始提出下列條件：（一）新路線，至短須一千英里。（二）合同內條件，與七月四日之合同無異。（三）草勘所提議之路，如不能獲利，必須給予同里數之路以代之。（四）關於此事，須卽刻正式通知英國公使。改線之議既定，交部乃提出由沙市，經常德、辰州、沅州、鎮遠、貴陽至興義之幹路，並由常德至長沙之枝路，約合七百英里。法蘭芝欣允，於十八日，雙方議定草合同十九條。三年二月二十八日，該公司卽派員前往踏勘，而交部以前項草合同，於他方面有所牽涉，因與該公司商議取消，並迭口催訂正式合同。至七月二十五日，始由交長梁敦彥、財長周自齊，與法蘭芝訂定正式合同三十五條，認寶林公司為包築人，並代募借款一千萬磅，同時又訂附件三款：一，因取消前訂草合同，特予對於一切支出百分之七，作為酬金，續訂合同六條。二，因補足一千英里之數，將雲南至大理府鐵道，准寶林公司承辦，訂條件三則，以憑函為准。三，因寶林公司於數年前，曾以承造錦璦鐵道用去七萬磅，其後該路停辦，用款無着，茲特予以對於一切支出之百分之半分，為之補償，以憑函為准，但於雲大鐵路，則無關焉。九月五日，法蘭芝函交部，聲明前與孫文所訂之廣州、重慶鐵道合同，作為廢紙。四年四月二十七日，交部以寶林公司，自訂包築合同後，迄未履行職務，特咨外部，稱該合同已簽字九閱月，政府應履行第十條之草測及第十五條之設立事務所，該公司亦應按照第十條，交款五萬磅，乞照會英使，轉詢該公司，究擬如何辦理。五月十四日，外部覆稱，准英使函復，該公司事，由英人瑞訥暫行担任。二十日，瑞訥赴交部，所言均不得要領，遂擱置至今。

英國對於我國鐵道政策，原有從上海通至緬甸之大計劃，滬寧、寧湘及本路，皆其計劃中之一部份，再益以雲大、滇緬兩線，則其計劃成功矣。本線所經，雖為自古兩湖滇黔四省，通行之大道，然桃源以上至於興義，重山疊嶺，工程頗艱，人口農產，兩俱不富，將來最大希望，則在礦產之經營。若就全局着眼，則為政治、經濟上一最重要之線，何則？首站沙市，卽與長江水運、川漢幹路聯絡，

101

終站興義，又與欽渝幹線銜接。以常長枝線，聯接寧湘粵漢兩大幹路，四通八達，無往不利。英人眼光銳敏，魄力偉大，誠堪欽佩，幹線長凡六百五十五英里，常長枝線長一百零五英里，共延長七百六十英里。

廣渝鐵道起廣州，經桂之梧州、桂林，湘之靖州、沅州，越黔之思南，達川之重慶，長約一千英里。孫中山與英商寶林公司，曾訂借款合同，債額八百萬磅。據其合同第九條云，承辦人寶林公司，依同一條件，有由重慶展築至甘肅蘭州之優先權。或經雙方協議，有建造同里數中國他處鐵道之優先權，此項優先權利，自本路興工日起，七年以內有効，云云。如果此線不改，則英之鐵道勢力，縱貫甘、川、黔、湘、桂、粵六省，將我中部富源，盡捲入於彼香港矣，可畏也哉。

# 第四節　同成鐵道<sup>附晉路</sup>

本路由山西大同，經太原、平陽、蒲州、潼關、西安、漢中，至成都，凡一千六百公里，為西部一大縱幹線。然當簽訂該借款合同之時，不在修路，而在挪用鉅款，以故簽押歷十二年，墊款亦近千萬，而設局測線等費數萬元，則悉由交部墊用，所得墊款雖據政府函稱，撥歸公府軍需局，然迄未見賬目，蓋大半虛擲於贛寧一役，而借路名以行之者也。當民國二年七月二十二日，袁總統以李烈鈞起兵九江，欲大張撻伐，而餉無所出，特密令財、交兩長，與比、法鐵道公司代表，簽訂同成鐵道一千萬磅借款合同二十二條，載明墊款二百萬磅（已交九九九‧八六一磅十二先令九辨士），同蒲路收歸國有，併入本路，潼關以西至鳳翔，利用隴海線，修造並軌。二十九日，派隴海督辦施肇曾，兼同成會辦，代理督辦，並密託執行本合同借款、墊款一切款項。八月二十八日，於太原設北路工程局，以程源深為局長，徐培爾為工程師，令測太原至潼關線路。九月九日，交部派關冕鈞接收山西商辦同蒲鐵道，實行歸併同成。三年三月，派黃開文為督辦，施仍兼會辦。七月二十八日，裁北路工程局。四年一月，太原至潼關，已測竣。三月十一日，比法公司代表陶普恩函請根據合同第九條，展緩期限，自歐戰和議告成以後二年，開售債票。五月十五日，黃覆，允以歐戰媾和之日為始，先行展緩一年，期滿俟看時局再議。七月十六日，交部派張鴻誥測同成路，該局派比人錫樂士，會勘潼關至成都路線。二十七日，由潼關測起。十月二十六日，至成都。以潼關至西安一段，曾經隴海測竣，僅從事踏查，未具圖說。五年二月，張將西安至成都路線圖說及豫估全路價目，並擬另勘他線，藉作比較各緣由，呈報交部，力言錫所定路線，坡度過高，灣❶度過小，隧道過多，里程過長，將來應另勘他線。八月四日，裁撤同成，歸併隴海兼管。九年三月，交部路政司以同成路線，須經秦嶺，工程浩大，特移技術官室審查。嗣據覆稱，潼關至成都可分三大段：第一段潼關、寶雞，與隴海共線，可歸隴海修築；第二段寶雞至天水鎮，工艱費鉅，應俟隴海川漢告成後，再用電氣行車；天水鎮至成都，應改為川漢北線，較由宜夔通過，可省六千餘萬元，在同成債票尚未發售以前，大有活動餘地云云。十一月末，晉督閻錫山徇該省省議會之請，咨交通部，將同成鐵路同蒲線，速築路基，以工代賑。十二月初，交部覆謂，應俟與比、

---

❶ "灣"當為"彎"。——編者註

法公司交涉，稍有頭緒，再行協商。尋因比法公司，不允墊款，卒未續修。十二年三月八日，交部復呈簡陳策為同成督辦，然建設費無着，仍未進行工程，以迄於今。本線縱貫山、陝、川三省，闢晉之寶庫，拓川之富源，經濟上最有價值。而俄、法、比最初用意，北欲承辦蒙古鐵道，南欲展築滇蜀路線，令彼西伯利亞與越南兩地，藉此大縱貫線連絡，並延長隴海，使接俄屬中亞鐵道。國人思之，彼等計劃，如果實現，視英之上海至緬甸計劃，禍尤甚矣。

本路述竟，進言歸併晉路之同蒲。清光緒三十年，晉省紳商以各省爭辦鐵道，特稟晉撫張曾敭，奏請開辦同蒲。三十二年九月，晉京官公舉何福堃為總理，由商部奏准。三十三年正月，何呈郵傳部，請頒給關防，隨聘德人赫里克為勘路工程師。三十四年五月，郵部派沙海昂等，實地調查，據稱路線不合，股本不敷，是時已有撤銷原案之意。六月，何以病辭。七月，晉撫奏請以劉篤敬為主持總理，趙淵為坐辦，終絀於款，不能興工。宣統元年，劉、趙先後辭職。七月，由晉撫奏准，加抽斗捐鹽觔及羌徭餘款，以資保息。二年正月，公舉鄭永貞為總理。三年正月開工。八月，榆次、兆要村間十五里軌道告成，榆次、大谷間修路基七十里。九月，革命事起，停工。民國二年三月，山西省議會，以路款毫無辦法，議決暫時改歸公有，七月，同成借款約成，允將此路併入，卽由交部與晉督商定。八月，交部派關冕鈞、謝鏡第赴晉，磋議收路辦法。九月九日，訂立合約六條，附件二十條，訂明所有一切款項，果證明用諸鐵道者，現由交部發還現欵，計部應出收路價銀一·三五一·七八四兩二錢九分。至三年一月，除股款十二萬餘元全清外，其餘欠款庫平銀二十一萬餘兩，尚欠九萬餘兩，各商號借款庫平銀七十二萬餘兩，尚欠五十四萬餘兩，均以工程中輟，借款不繼，迄今未付。

## 第五節　欽渝鐵道 <sup>附滇</sup><sub>路</sub>

　　民國二年，滇督蔡鍔與德商禮和洋行香港分行經理駱連子，訂立滇百（雲南省城至廣西百色）鐵道三百萬磅借款草約，法使向我外部，嚴重抗議，迫令取消。三年一月，交長周自齊亦以西南各省，擬修桂全、桂邕、滇邕、滇蜀等路，迄無成議，而各省軍民兩長，又迭電中央，及早興築，因於是月四日，提出國務會議，議決創修欽渝，由廣東欽州起，經南寧、百色、興義、羅平、雲南、敘州，而達重慶，將粵、桂、滇、黔、川五省，聯為一氣，並以法使抗議滇百關係，定計與中法實業銀行，磋商借款，一面由交部電告五省長官，贊成斯議。二十一日，由兼財長熊希齡、交長周自齊，與中法實業銀行代表塞力耳，簽訂六億佛郎借款合同二十一條，並訂附件多種，其最要者，即敘州至成都鐵道，與南寧至龍州枝線，如中國政府不能自辦，銀行有借款修造優先權云。

　　欽渝借款，雖發動於交部，然國務院以別有作用，故將墊款之數，增至一億佛郎，對中法銀行之格外要求，無不立允。故葉恭綽充督辦後，除為財部代收墊款外，無所事事，蓋藉路借款，流用為政費者也。墊款金額，原定五批交付，每批二千萬佛郎，每兩星期一批，限八星期交楚，然截至三年六月底，按額面祇交到三千二百十一萬五千五百佛郎，原歐戰勃發，彼自顧且不暇也。七年十二月，交部函中法銀行，謂欽渝合同，迄未興辦，現歐戰停，該路測勘事宜，亟應進行，請貴行速薦工程師，會同本部派員，從事測勘。八年七月，中法銀行派代表至交部，商議測路事宜，部答以南方不靖，未便測勘。九年六月底，中法銀行函稱，欽渝合同，本銀團各銀行及法國財政家均以履行延緩為驚訝，貴部前稱地方未靖，不便測勘一節，如求該省長官許可，則斷無障礙。現金融日見活動，貴政府所託本行在法国市場發行之債票，不久可以實行，請速預備各項公文，俾認股得以踴躍，云云。交部正擬照辦，未幾，中法銀行停兌，遂擱置。今中法將復業，或當舊事重提矣。本路合併滇蜀、滇百、百北（由百色至龍州、龙州至南寧、南寧至北海三線而成）三線，延長一千四百三十英里（滇百四百哩，滇蜀七百三十哩，百北三百哩）。滇蜀交界、滇黔交界、桂粵交界，均有極大分水嶺，工程頗不容易，如果築成，則關係五省之開發，誠非淺鮮。

　　滇省之議修鐵路，始清光緒三十一年三月，由編修陳榮昌稟請滇督丁振鐸奏准，自行集股，修築滇蜀鐵道，定為官紳合辦，紳界總辦卽陳氏聘美人多萊哈克充工程師。六月十四日，經丁督奏准集股章程，分鹽糧彩票等捐，並與黔撫林紹年會奏，滇蜀告成，再修黔路，俾可直達中原。十一月初六日，復奏請兼鑄銀币，以餘利克路款。三十二年四月，駐滇英領事務謹順照稱，欲由緬甸修一鐵道，直達騰越。经陳總辦等，電外務部力爭，外部與英使定議，滇緬路各修各界。閏四月末，陳以騰越既經爭回，因稟滇督，併歸滇蜀公司辦理，改為滇蜀騰越鐵路總公司。宣統二年二月二十五日，滇督李經羲奏滇省最要路線，曰滇蜀，曰滇桂。滇蜀自設公司以來，所收糧股，僅及百萬，而請緩請減請免者，紛至沓來，應請收回國有，由郵傳部興辦。又稱蜀桂兩線，理應先桂後蜀。五月初十日，經郵傳部、度支部覆奏，先借款修滇桂，緩辦滇蜀。八月十一日，郵部奏派羅國瑞、賀良樸，查勘滇桂、騰越，而滇蜀則令滇路公司派員履勘。三年五月初五日，李督復奏准酌減粃❶股，以紓民困。閏六月十七日，李又以陳榮昌等迭稟，謂滇路歸國家辦理，虓延日久，未見實行，奏請速辦滇桂。未幾，武昌首義，天下紛紛，無人過問路事。至民國三年一月，交通部與中法實業銀行訂欽渝借款合同，將滇蜀、滇桂各路，悉劃併入，而滇路名詞，從此絕矣。

## 第六節　株欽鐵道

民國五年春間，袁世凱以西南起兵，反對帝制，欲用武力解決，軍餉無所出，謀藉路舉債。適美國裕中公司抱對華經濟野心，兩相湊合，遂由交長曹汝霖，與該公司代表卡利（Carey）於五月十七日，訂立借資造路合同十七條及附件三紙。雖採包工築路辦法，但內容極寬泛，路線布五省，款額無定數，為自來借款合同所未有。英、法、俄、日四使聞訊，各提抗議，謂侵該國既得權利。俄謂豐鎮至寧夏之路，光緒二十五年中俄協約已承認予俄。英謂杭州至溫州線，乃滬杭甬枝線；衡州至南寧線，鄂督張之洞曾許彼有優先權。法謂蘭州至寧夏線，為隴海枝路，海南島既對法聲明不割讓與他國，瓊州至樂會線，亦屬法之權利。日使亦指杭溫有侵閩省權利之嫌，益以合同喪失權利過多（如分餘利百分之二十五、他項工程用款、抽傭金百分之八等類），曹旋去職，袁亦病故，乃由交長許世英，向美使再四談判，始據原合同第十七條，加以修改，並增訂附件十款，於九月二十八日，雙方簽押。原定包造一千五百英里改為一千一百

---

❶ 疑有誤。──編者註

英里，餘利酬費減為百分之二十，僱用客卿，明定程序及其期限，遵守本國一切法令章程，嚴定廢約期間，如測竣後一年內，公債墊款，均不能成立，即可如期廢約，此皆許所爭回者也。路線旋亦改定株欽。十一月十日，派孫多鈺充工程局長，下置總務、工務、會計三處。十七日，交部公布該局編制專章十二條，並擬定路線。十二月一日，分五段測量：第一段由株洲至寶慶；二段由寶慶至桂林；三段由桂林至柳州；四段由柳州至西江；五段由西江至欽縣。共組五隊，從事測量，並派總工程師美人開爾及工務處長胡朝棟，履勘全路，規畫一切。六年三月底，美工程師擬於桂林以南，取道梧州，循西江出欽縣，交部批謂桂梧間重山疊嶺，循西江，與河道競爭，萬萬不可改線。五月以後，因廣西不靖，各段僅行初測，即經調回。而裕中公司亦因美國參戰影響，債票不能發售，遂爾擱置。十一年五月二十七日，交部以裕中公司，迄未發售債票，無由進行，因裁該局，令路政司接管案卷。至裕中公司之墊款，則五年六月，交美金五十萬元；六年十月，復交美金五十萬元；九年二月，續交美金十五萬元，共計美金一百十五萬元云。

株欽在桂線路最長，前之桂全、桂邕，概行歸併。桂路創興，在清光緒三十一年，廣西京官呈請商部奏派于式枚為總理，議經多次，頭緒毫無。其明年九月十七日，法巴使詰外部，桂紳議辦鐵路，與法國已獲優先權，大有衝突，外部覆以尚未定奪。十一月末，御史趙炳麟、桂撫張鳴岐先後奏請，將該省溢額捐二百餘萬兩，撥作廣西鐵路國家補助股，經度支部郵傳部覆奏，准撥一百萬兩。三十三年二月，舉梁廷棟為協理，旋以于授郵部侍郎，不能遙領路事，遂以梁為商辦廣西鐵路辦事公所所長。三十四年四月，張撫奏籌辦邊防大端摺內，議創築桂邕鐵路，經郵部議覆，先修衡桂，再修桂邑。宣統元年正月，張撫乃決計首辦桂全，特與英商寶林公司，商訂合同，聘鄂穆裴包勘。其線自桂林北門外起，經靈川、興安，至全州之黃沙河止，凡二百七十里。四月十八日，張撫又奏，廣西鐵路關係緊要，而桂邕千里，需費二三千萬元，斷非桂力所能籌辦，請飭郵部設法。七月二十一日，郵部奏派章祐三人，前往查勘。八月十五日，張撫奏派胡銘槃為桂全鐵路總辦。十月初五日，廣西諮議局議決，先築貴縣至博白，呈請桂撫咨部，部以事關外交，於二年正月，電覆桂撫，應毋庸議。六月初二日，郵部飭廣西鐵路辦事公所，該路曾否動工，路線曾否勘定，所招之股，已收之股若干，另籌之款若干，着速詳報。梁旋呈覆，款項無着，無法開工，懇咨桂撫裁撤公所，另籌辦法。章祐亦呈報測路告竣，計估桂全造價六百六十七萬九千四百兩，桂邕一千七百六十六萬二千兩。十月，郵部據查勘結果，先修桂全。三年三月十九日，廷命趙炳麟督辦該路，趙以桂全艱於運料，擬先築桂梧，特奏請統籌全局。洎趙回桂，指揮未定，而光復軍興，遂不暇問路事，自後國家未辦桂全，桂紳亦未提及築路。至民國五年十一月，株欽借款成立。其路線起湖南湘潭之株洲，經寶慶、全州、桂林、柳州、南寧，至廣東欽州，長凡七百英里，桂全、桂邕悉歸併株欽線內，於是桂路完全結束矣。

## 第七節　周襄鐵道

當交部與美裕中公司改訂借款築路合同之時，原定一千一百英里，前允之株欽，僅七百英里而強，該公司屢請補足。交長許世英，以其時尚無通川之路，因欲自河南周家口起，經南陽、襄陽，至陝西漢中，築一鐵道，俾將來自籌展築入川，乃於民國六年一月四日，約裕中代表卡利協商，再允以周襄一線。不言至漢中者，蓋周漢間長六百英里，又超過約定里數也，卡利欣諾。交部卽於十日，咨明外部，並令株欽局長孫多鈺兼充周襄局長，定名為周襄鐵路工程局，卽附株欽局內辦公。三十日，孫派測量隊出發。三月底，初測事竣，公司擬要求展測漢中，四月五日，交部核准。六月十九日，公司復求展測興安至成都（自陝西興安八仙街起，經城口、太平、通江、巴州、保寧、潼川至成都），交部亦允之。十一月一日，興安至成都，路線測竣。十五日，總工程師開爾以計畫書送局，略謂信陽經樊城、襄陽、紫陽，通江至成都之路線，較由周家口起點者為佳，計長九百零八英里，實為橫亙東西大幹線之一，並稱有四大優點，孫局長據呈交部，部嘉納之。十二月十五日，孫請復勘信陽至成都路線，分二隊出發，至七年六月，測至五百十三英里之處，適川匪蜂起，將隊調回，自後遂未進行。十一年五月，交部裁周襄局，令路政司保管案卷，裁撤原因，與株欽同。

## 第八節　濱黑鐵道<sub>附呼海鐵道</sub>

當清宣統元年，各省倡築鐵道之時，黑龍江紳商亦擬集貲八百萬兩，用狹軌制，自造哈爾濱經呼蘭至墨爾根之一線，適三年光復軍興，輟於半途。民國二年，黑龍江巡按使以該線為江省精華所在，復欲籌款興修，曾派員溯勘，估計大概。三年三月四日，俄庫使赴交通部，質問北京以北之鐵道，向英、比公司借款，有違光緒二十五年之照會，交部覆以並無所聞。俄使旋又赴外部，面稱日本在南滿一帶，有築路全權，俄政府特命其索築北滿各路，並遞節略一件。外部據以詢交部，交部因俄要求路線太廣，且牽涉成案，卽以尙當考察，如應行修築，屆時華款資本不敷，再向俄商借等情覆之。外部據以照覆俄使，俄使卽為進一步之迫挾，謂路權已定，現在俄京業經組織公司，以郭業爾為代表，且擬築海蘭泡至哈爾濱及齊齊哈爾二路，卽請派員討論。而格署使更倡言日、比、英、法，獲路極多，俄所要求，在在均勢，復以呼倫貝爾及阿爾泰兩交涉案，恫嚇當局。適駐俄劉使密電外部，謂濱黑路事，牽及交涉，宜速取決，外部欲藉此以解決各項懸案，於六月二十九日，呈大總統交交通部，迅速派員與議。七月三日，交部派水鈞韶、闞鐸，與郭業爾會晤，再四磋商，始議定自哈爾濱至黑河為幹線，墨爾根至齊齊哈爾為枝線。四年四月十五日，函交草擬合同一件，交部仍飭水、闞二員研究，其最要者，為東清同軌、江上建橋二事，以俄爭持甚力，僅允將建橋改為附件，軌間仍與東清一致。

　　五年三月二十五日，由財長周學熙、交長梁敦彥，呈明會議情形。二十七日令准，卽於是日與俄亞銀行，正式簽訂合同二十二條，當交墊款五十萬兩。四月二十三日，交部呈派朱慶瀾兼充督辦。朱交卸後，以畢桂芳繼之，朱、畢皆黑龍江將軍兼巡按使也。八月二十二日，畢派范其光赴交部，接洽進行事宜。二十三日，交部覆稱，歐戰未終，應將請遵照國務會議議決案，暫緩辦理。二十九日，畢電交部，又稱俄京所派總工程師，行將到江勘路。三十日，交部急電覆畢，謂此舉有背合同，應請嚴拒，遂不果。九月七日，代表郭業爾函稱，須開始籌商測勘路線與委派工程師等事，交部答以歐美市場，金融停滯，須暫從緩辦。同日，畢請設立機關，部亦未允。九月二十八日，郭業爾以違背合同，拒絕勘路責交部，並稱該行損失甚巨，由十月一日起，應由部負損失之責。二十九日，交部覆謂，仍須審酌，至損失一節，越出範圍，絕難承認。六年二月，畢電交部，稱已商訂總工程師，卽口勘路，交部覆以歐戰未平，金價甚賤，材料甚昂，路線不關重要等理由嚴拒。九月，又以俄亞銀行允續墊路款及聘訂總工程師，在京設立公所諸事，呈報交部，交部遂重行提交國務會議議決暫從緩辦，督辦亦暫行裁撤，此後該路未盡事宜，由部辦理。

七年春間，該銀行代表赴交部接洽，交部提議，商改合同，借款改盧布為銀兩，又以是時材料缺乏，恐難供給為慮。該代表雖當時以東清有存料可購為言，後亦未將預約開列存料之單送部。五月，黑龍江兼長鮑貴卿，又請自行籌款，先修哈爾濱至海倫一段，擬具節略，分送院部。八月，公民梁聲德等電交部，請取消合同，就地籌款，而鮑兼長則以日人久欲攘奪北滿利權，倘濱黑鐵路督辦，果能提前發表，庶可以杜覬覦等情，陳院轉部。十月十九日，交部提出國務會議議決，簡派鮑兼濱黑鐵路督辦，俾與俄亞銀行代表磋議，至修改合同，仍由交部酌奪籌辦，但在合同未改定，測量未履行之前，仍照前議不另設公所。八年十一月十九日，鮑去職，派孫烈臣繼充。自後俄亂日亟，借款合同遂停止進行。至十四年春間，忽興工修築啥爾濱至海倫之呼海鐵道，工程着着進行，逮十五年秋，已通車至綏化，計長四百里。是否仍屬俄亞之款雖不得詳，然與俄有關係，則甚明也。

## 第九節　吉會鐵道<sup>附吉敦鐵道</sup>

　　本路交涉，始於光緒三十三年，吉長合同之規定接展。宣統元年，會訂中韓界務條款，又有吉會鐵道聯絡辦法，與吉長一律之條文，日人根據前案，屢請投資。民國二年，日人在大連，開滿韓實業大會，由代表長濱敝介提出吉會鐵道議案，謂現今滿洲運輸機關，只有縱貫南滿鐵道及其枝線與聯絡滿韓之安奉而已，而物資集散之大市場多在北滿，欲圖勢力之充分發展，則萬不能不延長線路，以達長春之北。目今狀態，距我國京都、大坂甚遠，以與經由海參崴，依賴中東鐵道之貨物爭雄，自非其敵，故主張此線速成，與日本海橫渡航路案，均決議，自民國四年，吉長改約後，進行尤亟。七年六月十八日，由交長兼財長曹汝霖與日本特殊銀行團代表興業銀行行員真川孝彥，簽訂吉會鐵道預備合同十四條，以為正式合同之準備。先交墊款日金一千萬元，合同未及規定者，概照津浦借款合同辦理。旋派權量為督辦，經權派員測勘路線，擬分段興工，日人無端要求技術、運輸、會計三主任，權執津浦合同與之力辯，日人詞窮，然不肯履行前約，迄未訂立正式合同，僅於交部設吉會鐵路辦事處而已。路線自吉林起，經延吉道區，逾圖們江，至朝鮮之會寧，長約八百三十華里。沿線森林蔽天，地味肥沃，號為陸海，礦產尤饒，夾皮溝之金、天寶山之銀銅、老頭溝之煤，皆有名於世。日本謀之最久，徒以國人羣起反對，致難實現。近年彼遂變更計劃，失築天圖輕便鐵道（詳前章第十一節）。今年十月二十四日，又令南滿鐵道會社社長安廣伴一郎，與我交長葉恭綽，簽訂《吉敦借款合同》，債額一千八百萬元，從此吉林至敦化，聯接已成之天圖，吉會鐵道實無再築之必要矣。國人雖對吉敦合同有所反對，然奉系勢力未倒，其效甚微也。

吉敦路線於十五年春夏間，經該局總工程師日人田邊利男及華工程師張鵬等兩次測勘。測定全長一百二十五公里，分四段十八站，自吉林省城東團山子起，曰吉林，曰北甸子，曰江密蜂，曰額赫木，曰六道河子，曰老爺嶺，曰小孤家子，曰磊門子，曰蛟河，曰下烏林，曰上烏林，曰小砂河，曰大沙河，曰威虎嶺，曰黃泥河子，曰臭梨子嶺，曰敦化，隧道三座，為老爺嶺、慶嶺、威虎嶺，鐵橋以松花江為最大，預計橋工為日金二百萬元。全線工程預定日金一千八百萬元，沿線破產極富，森林密茂，將來通車，不第有益於吉長，南滿亦大有利也，聞是年六月，已經開工建築云。

# 第十節　滿蒙四路 <sup>附奉海</sup> 鐵道

民國二年十月十五日，日本以承認民國條件，誘迫袁世凱，令交長周自齊與日使山座圓次郎，簽訂借款修造滿蒙鐵道，預約辦法大綱三欵。其路線為開原至海龍一百二十三英里，吉林至海龍一百十英里，四平街至洮南二百二十英里，長春至洮南一百八十英里，洮南至熱河四百七十英里，共計一千一百十三英里，所為滿蒙五路是也。三年四月，日本根據上約，介紹橫濱正金銀行，將借款草合同，送我交部，要求議訂，旋因歐戰突起，擱而未議。四年一月，日本要求二十一條，復對滿蒙五路，加以鄭重聲明。十二月二十七日，財長周學熙、交長梁敦彥，與日本正金銀行，訂四鄭借欵合同，為四洮之先聲，其餘四路，尚未提及，日使一再催促。至七年九月初，政府以軍政各費，無法應付，遂密電駐日公使章宗祥，與日本特殊銀行團總代表小野英二郎，於二十八日，簽訂滿蒙四路借欵預備合同十四條，先交墊欵日金二千萬元。其路線，就上述五路中之長洮、洮熱二路，併開海、吉海兩線為吉開，又新增熱海一線，合為四路。熱海者，自洮熱線某站起，南至某海口，線路俟調查再定者也。交部事前一無所聞，至十月二十五日及十一月九日，始依法定手續，會同財部，先後呈明大總統，惟輿論攻擊最烈，躬親其事者，並因此解職，政府亦以民氣可畏，迄未舉辦。九年十月，國際新銀團成立，日本曾將洮熱、熱海二線，讓歸新銀團投資，新銀團未經我國承認，故路亦未興辦云。去年奉省當局，籌築奉天至龍海鐵道，已經購料興工，現有一段已通車，並經奉省交通委員會議決，延長線路至敦化，蓋欲吸收海龍各地農產歸諸奉天，藉以抵制吉開線路者也。

## 第十一節　濟順、高徐鐵道

民國二年十二月三十一日，德使放棄石德（石家莊至德州）、兗開（兗州至開封）兩線權利，與我政府簽訂高韓（高密至韓莊）、濟順（濟南至順德）兩路辦法大綱。三年六月，更訂正約。正籌興工修造，忽歐戰爆發，日本乘機於十一月七日，以兵佔領青島，四年一月，忽向我國，提出要求二十一條，其中關於山東問題，尤極形棘手，經外部歷次磋商，迄無解決方法。七年九月，政府因財源枯竭，告貸無門，乃飲酖止渴，將曾許德借欵建造之高韓、濟順二線，轉向日本借欸興築，以冀解決山東各懸案，并依日使請求，改濟順為順濟，高韓為高徐（順濟三百六十華里，高徐七百二十華里）。九月二十二日，由政府密電駐日公使章宗祥，向機辦理。章於二十八日，與日本特殊銀行團總代表小野英二郎，簽訂濟順、高徐鐵道借欸預備合同十四條，先交墊欸日金二千萬元，條件悉與滿蒙四路合同從同。交部事前亦未聞知，後以國人暨山東士紳之反對，日本迄未達訂正約目的。十一年二月四日，我國華盛頓會議代表施肇基等，與日本代表加藤等，簽訂解決山東懸案條約正約二十八條，其第二十一條，載明濟順、高徐兩線，應歸國際新銀團，共同投資，由中國政府自行與該團協商條件云云，則此二路，實與日本無大關涉矣。

線路，高徐起膠濟鐵道高密站，向西南行，經諸城、莒州、沂州至台棗民業鐵道終站之台兒莊，渡運河，達徐州，連絡津浦、隴海兩幹線。沿線地勢，概屬平坦，僅諸城、莒州間，有黑家嶺、將軍嶺等高阜，須鑿小山洞，而漢汪河、沭河、沂河、運河，諸橋梁，除運河橋，長一千二百呎外，餘均不難架設。據日技師估計，此線建設費，三千萬元即足。順濟起濟南，越津浦路，循黃河，至長清縣城西北陰河渡，渡黃河，經茌平、博平、臨清、威縣、平鄉，達順德，與京漢幹路連絡，在昔德人倡言承造時代，曾有濟彰、濟道（濟南至道口鎮）與此線三說，德當擇定以彰德為終站云。

# 第十五章　計劃修造各線

## 第一節　京熱鐵道<sup>附東蒙各路</sup>

本路起北京，迄熱河，計長一百四十英里。清郵傳部早已擬修，光緒三十四年，曾改自張家口起，利用京張已成之路。民國二年一月二十一日，交部又擬籌辦本路，以貫通東蒙，特委京奉英工程師李吉士及部員數人，測勘路線，建設費約需一百十六萬九千九百磅，嗣以欵絀，測而未辦。三年一月，政府將歸化城、張家口、多倫諾爾、赤峰、洮南五處，開為商埠，因擬修造鐵道四線，俾資聯絡：一，自北京經熱河至赤峰，凡二百七十英里；二，自張家口至多倫諾爾，凡一百五十英里；三，自多倫諾爾至赤峰，凡二百英里；四，自錦州經朝陽至赤峰，凡一百八十英里，亦以無法籌欵中止。惟朝陽一線，已由京奉展修；熱河至赤峯一段，劃歸滿蒙四路之洮熱線；北京至熱河一段，近已駛行長途汽車而已，餘當皆人議及，茲錄英工程師所測路線、工程及建設費如下。

| 區　　間 | 里　程 | 建設費 | 山　洞 |
|---|---|---|---|
| 通州至密雲 | 三八・〇〇哩 | 一三三・〇〇〇磅 | 一 |
| 密雲至石閘 | 一九・五〇 | 一二一・八〇〇 | 新開嶺一座，三〇〇呎 |
| 石閘至古北口 | 一五・〇〇 | 一四四・六〇〇 | 古北口一座，六〇〇呎 |
| 古北口至十八盤嶺 | 一七・五〇 | 二〇四・〇〇〇 | 十八盤嶺一座，四・〇〇〇呎 |
| 十八盤嶺至偏嶺 | 四・五〇 | 五四・五〇〇 | 偏嶺一座，二・〇〇〇呎 |
| 偏嶺至河東 | 二二・七五 | 一九〇・〇〇〇 | 博末一座，五〇〇呎 |
| 河東至灤平 | 一〇・七五 | 一二九・〇〇〇 | 行宮一座，一・〇〇〇呎 |
| 灤平至廣仁 | 七・五〇 | 一三九・〇〇〇 | 廣仁嶺一座，三・〇〇〇呎 |
| 廣仁至熱河 | 四・五〇 | 五四・〇〇〇 | 測量未竣 |
| 共　　計 | 一四〇・〇〇 | 一・一六九・九〇〇 | 一一・四〇〇呎 |

## 第二節　外蒙古鐵道

　　外蒙鐵道之豫定線，大別為縱斷、橫斷兩線，皆清郵傳部所擬造者也。橫斷線，起中東鐵道海拉爾站（卽呼倫貝爾），貫車臣汗至庫倫，經烏里雅蘇台，抵科布多，延長一千九百五十英里。民國以後，俄國勢力瀰漫外蒙，政府感有經營蒙古之必要，曾擬由伊犁起，造一鐵道，經阿爾泰、科布多、札薩克圖汗、烏里雅蘇台、庫倫，至奉天洮南，與齊洮線連絡，出中東路，然不過有是說耳。縱斷線，初定起張家口，經大同、綏遠、賽爾烏蘇、庫倫，至中俄國境之恰克圖（又稱買賣城），長凡一千二百七十餘英里。現京綏早經通車，只餘綏遠至恰克圖間一千零十七英里而已。此線久為俄人所覬覦，光緒二十七年，卽派其鐵道隊工程師，由張家口測至庫倫、恰克圖，自此屢向清廷要求，屢被嚴拒。三十二年，廷議開辦張庫鐵道，直督袁世凱請由庫倫辦事大臣徵收茶釐，喀喇沁王擔任籌欵，以為修路資金。軍機大臣則議由京榆、京漢兩路餘利，各提五十萬兩，度支部撥銀五十萬兩，作為開辦經費。而肅親王善耆，亦奏籌辦蒙古鐵道，宜擇要酌造，徐為擴充。庫倫大臣延祉奏謂蒙疆開墾，不如先築張庫鐵道。三十二年二月，經郵傳、度支兩部覆奏，俟京張告成，再行展築。宣統二年，阿穆爾靈圭及資政院總裁溥倫均奏速修蒙古鐵道，郵部曾派京張副工程師俞人鳳往勘張恰線路。其後忽有庫倫以北，由俄承造，庫倫以南由我興築之議。洎入民國，外蒙結俄獨立，三年一月，俄卽決自西伯利亞鐵道烏今斯克（Udinsk）站，展築至恰克圖，計長一百五十英里，建設費二千三百七十四萬盧布。五年十二月，政府命庫倫都護使與外蒙自治政府協商，修造張庫鐵道，議固不諧，欵亦無着。九年二月，政府以蒙人屢倡獨立，又擬趕造張哈，以資統御，特派徐樹錚兼任張哈鐵路督辦。未幾，直皖開戰，徐敗下野，中止進行。十一年春，察哈爾都統張景惠以紳商何同仁等，集股組織實業公司，經營張恰鐵道，墾殖內外蒙古，特請政府立案，鐵道則由官督商辦，無何奉直興戎，張因去職，其議遂寢。十四年秋，馮玉祥籌築平地泉至滂江鐵道，曾請政府簡派張秋白為平滂鐵路督辦，未幾，國奉戰起，路務遂無人顧問，迄於今日。幸張庫間，已通長途汽車，交通不似清末之阻滯矣。茲摘光緒二十七年，俄工程師所測張恰路線之里程及地勢，列表如下。

| | | |
|---|---|---|
| 自張家口至哈諾爾壩。 | 六〇里<sup>華里</sup> | 山道 |
| 自哈諾爾壩至布爾嘎素 | 五〇里 | 山道 |
| 自布爾嘎素至吟柳圖臺 | 六〇里 | 平原 |
| 自吟柳圖臺至奎素圖 | 一一〇里 | 平原 |
| 自奎素圖至察哈爾 | 二六〇里 | 平原 |
| 自察哈爾至布母巴圖 | 二一〇里 | 平原 |
| 自布母巴圖至烏蘭呼都克圖 | 一七〇里 | 山道 |
| 自烏蘭呼都克圖至吉思洪呼蘭 | 二五〇里 | 平原 |
| 自吉思洪呼蘭至布籠臺 | 一三〇里 | 平原 |
| 自布籠臺至圖克里克 | 一八〇里 | 山道 |
| 自圖克里克至賽爾烏蘇 | 九〇里 | 平原 |
| 自賽爾烏蘇至蘇魯海 | 一二〇里 | 平野 |
| 自蘇魯海至巴彥和碩 | 一二〇里 | 山道 |
| 自巴彥和碩至莫敦臺 | 二〇〇里 | 河川 |
| 自莫敦臺至他拉布拉克 | 一六〇里 | 平野 |
| 自他拉布拉克至吉爾噶朗 | 一五〇里 | 沙漠 |
| 自吉爾噶朗至布庫克 | 一三〇里 | 山道 |
| 自布庫克至庫倫 | 一〇〇里 | 平野、河川 |
| 自庫倫至庫依臺 | 八〇里 | 河流 |
| 自庫依臺至布爾噶勒臺 | 五〇里 | 平原 |
| 自布爾噶勒臺至博爾諾爾 | 八〇里 | 山道 |
| 自博爾諾爾至呼齋干臺 | 七〇里 | 平原 |
| 自呼齋干臺至他沙爾 | 一二〇里 | 沙地 |
| 自他沙爾至伯特格臺 | 八〇里 | 沙地 |
| 自伯特格臺至庫特勒那爾 | 一三〇里 | 平原 |
| 自庫特勒那爾至噶薩那 | 八〇里 | 平原 |
| 自噶薩那至努克圖 | 一二〇里 | 山道 |
| 自努克至恰克圖 | 一一〇里 | 平原 |
| 以上二十八站 | 共三一七〇華里 | |

## 第三節　新疆鐵道

新疆僻處西陲，去京師極遠，由京遵舊驛道至迪化，計百零八站，須行三月有半始達。近雖京綏鐵道通至包頭，再利用晝夜兼程之馬差郵路，至快亦須五旬。然而俄人來新則極便利，自裏海鐵道安集延站，入喀什噶爾，駝行不過十日。自塔斜鐵道薩滿站入伊犁，車行不過四日（此路俄人已經測量，擬造鐵道）。自阿爾泰鐵道終站斜米巴拉廷斯克入塔城，台車急行，亦僅四日。就地理上、交通上言，新省固在俄國勢力包圍中也，中央欲固西北國防，自非建造鐵道不可，尤非避去俄人勢力不可。清廷有見及此，故於喀什噶爾起，經巴楚、阿克蘇、庫車、焉耆，至吐魯番一路，光緒三十二年二月二十三日，由商部奏准，集股商辦。於伊犁起，經精河、烏蘇、綏來、昌吉，至迪化，接吐喀線，東過哈密、安西、肅州、甘州、涼州，至蘭州一路，由道員黃中慧於三十三年正月，稟商伊犁將軍、新疆巡撫，與英商寶林公司，訂立借款包築草合同十條，惜有其議，而未見諸實行耳。民國八年，交通部復議鞏固西北邊防，避免俄人侵略，修造西北鐵道，曾派部員林競等，自包頭鎮起，測勘線路，計經石嘴子、寧夏、中衞、紅水、古浪、甘州、肅州、安西、哈密諸地，止於奇台，嗣後並未籌議開辦，迄於今日。

## 第四節　錦璦鐵道

清光緒三十四年，東三省總督錫良奏請修築錦州至洮南鐵路。

黑龍江巡撫程德全奏請修築自新民屯，經扎賚特旗至齊齊哈爾，再接修至璦琿鐵路。宣統元年正月二十七日，郵傳部覆奏，擬起自錦州，經洮南、齊齊哈爾，展至璦琿，定名璦琿鐵路。惟時美國提議滿州鐵道中立，為日、俄反對失敗，頗欲組織華美銀公司，承造齊齊哈爾至璦琿鐵道。駐奉美總領事司脫勒專當交涉進行之任，並聯英商寶林公司代表布蘭脫為己助，寶林曾謀承造新民屯至法庫門鐵道，為日人所破壞，極表贊同。是年十一月，遂與郵部訂立美金五千萬元錦璦借欵草約，工程概由寶林包辦。二年三月，更訂正約。其預定線路，由錦州至小庫倫，一百九十七哩；小庫倫至鄭家屯，二百一十八哩；鄭家屯至洮南，一百四十哩；洮南至齊齊哈爾，一百五十八哩；齊齊哈爾至璦琿，二百五十哩，共長九百六十三哩。日、俄聞訊，謂此線與南滿及東清枝路平行，相距百哩至百六十哩，妨害彼等營業利益，提出嚴重抗議。日人更恐本路造成，開連山灣為商埠，奪其大連商業，竭力阻撓，迫我廢約始已。洎入民國，本路北段已由四洮、洮昂、濱黑三路分割，南段又包括於滿蒙四路之中。寶林迭次要求賠償勘路損失，至民國三年，與訂沙興借款合同時，特准其對於一切支出，扣除千分之五，藉資彌補。十年春間，政府又擬借入美欵，修造錦州至齊齊哈爾鐵道，日本提出嚴重反抗，其議旋寢。

## 第五節　東叙鐵道

民國六年三月二十七日，國務總理段祺瑞因各省鼓鑄銅元，其銅料均仰給外國，長此以往，損失勢將不堪，以雲南東川府為全國產銅第一要區，特商交通總長許世英，建造東川至四川敘州輕便鐵道，俾便運輸。隨由許飭交部路政司，規畫一切。三十一日，經該司呈明，東川為產銅中心，敘州乃經商要地，相距約六百華里，沿路多銅、錫、鉛、汞、鐵等礦，煤尤充斥，倘築二呎六吋之狹軌鐵道，祇需五百萬元左右，將來於養路費當可無虞。四月一日，許令趕修，當派阮性宜、王志超為正工程師，彭鼎年、胡裕昆為主任工程師，前往測勘；劉紹倫、胡宗銓等為調查員，考察沿路事項。五月四日首途，二十八日至敘州，適川亂起，軍官無法保護，許乃電令阮等回京，迄未繼續進行。

## 第六節　滇緬鐵道

雲南本英、法勢力角逐之場，東屬法而西屬英。法得滇越，且早修造竣工。英圖滇緬，不遺餘力，其計劃之偉大，更令人驚服。彼蓋欲自埃及開羅，經印度、緬甸，入我雲南，循揚子江東下，達上海而止。其築滬寧，索寧湘，索沙興，索滇緬，皆本豫定計劃而進行者也。在清光緒初年，英卽喧傳建築滇緬，壟斷雲南商業，輸出印度棉紗、棉布，以我國風氣未開，滇地工程艱鉅，致未實現。逮二十五年，英駐領事於騰越。二十八年，復允英國要求，開騰越為商埠以後，英國派人調查路線，先後至數十回，靡費巨萬，均謂滇緬國境，崇山峻嶺，不易施工，故曼德勒（Mandalay）至臘戌（Lashio）鐵道竣工，欲向東延長入滇而不能。三十年，始發現經由騰越之路，自是，迭向清廷要求承造，迭被嚴拒，終被攫去。蓋彼執光緒二十三年正月，《中英滇緬境界及通商續約》有中國將來於雲南修造鐵道，須與英之緬甸鐵道相接一語為理由者也。三十二年，滇督丁振鐸因滇人力爭收回自辦，乃奏准歸併滇蜀鐵路公司辦理，後以路長費鉅，無法籌欸，迄未進行。民國三年一月，英使復向政府，要求滇緬承造權，當時傳已完全承認，但其合同內容，迄未公表。茲清光緒三十年，英工程師李勒（Iilley）踏勘本路，預定線路於下，以供參考。巴募拉伊拉瓦諦河左岸，海拔雖僅三百七十呎，騰越位太平江平原高處，海拔則達五千三百呎，兩地距離一百二十哩，因無懸崖絕壁，故其斜度比較緩慢，工程不難，如造二呎六吋之狹軌鐵道，約需七十六萬磅。騰越至大理長一百六十哩，有怒江、瀾滄江諸險峻之溪谷，其河床距分水嶺巔，恒六千呎至八千呎，工程極難，卽造狹軌鐵道，亦需三百七十一萬磅。大理至雲南約二百三十哩，卽依電報路線，工程較易云云。緬甸已成鐵道，起蘭貢（Rangoon）而北走雲南邊界者，計有三線：一由曼德勒至臘戌，二止於巴募，三達密芝那。滇不急起力圖抵制，迤西恐將非我有也。

## 第七節　廣州灣鐵道 <sub>附赤安線</sub>

本路有幹枝兩線，幹線起廣州灣三百塘，經遂溪，達廣西鬱林。枝線由遂溪至高州，共長七百餘華里。法人預備資金一千萬元，與華商合築，以發達廣州灣商業者也。嗣以法對廣州灣政策變更，粵省當道亦不承認法領事要求，迄未興辦。當清光緒三十一年，駐粵法總領事以華商、法商合辦由廣州灣至鬱林、高州等處鐵道，照會粵督周馥。周當札飭高州道府，查明稟覆核辦，覆文略謂，查該印委稟勘軌道，計分兩路：一以石城為高鬱分路，一以化州為高鬱分路，而皆發軔於廣州灣。自廣州灣經赤坎埠，至遂溪縣，由遂溪達石城一百三十里，石城達陸川二百三十里，陸川達鬱林州九十里，道途平坦，並無山河阻塞。由石城至化州跨河，經茂名縣屬南盛墟，達高州府城，二百二十里，共計六百七十里，是為石城分通高鬱之路。自廣州灣經遂溪達石城，至化州二百四十里；化州達陸川二百五十里；陸川達鬱林九十里；由化州跨河，經茂名縣屬南盛墟，達高州府城，一百十里；共計六百九十里，是為化州分通高鬱之路。除廣州灣租界內線路四十里外，餘皆內地，估計築路購地之費，非有七八百萬兩，未易蕆此鉅工。高、鬱兩屬，商務彫敝，民非富庶，出口貨既不多，進口貨亦有限，歲收車腳，恐不敷付股息。又查高鬱兩路，皆以廣州灣為起點，而我內地路線，與彼銜接一氣，方收轉運之利，設異日法人藉端阻難，而我數百里軌道，塊然中處，不能直達海岸，仍於商務無裨，是路權屬之他人，而操縱不能由我，亦屬可慮，云云。周督旋據以函法領，從緩置議，法領未得該國政府令催，亦未再來要求也。

　　光緒二十五年十月十四日，中法訂立《廣州灣租借條約》，其第七條載明，赤坎至雷州半島西岸安舖之間，法國得設鐵道、架電線，預定線路，長約六十英里，預算資金四百五十萬佛郎，初亦為謀廣州灣商務發達也。其後，法國政府對廣州灣政策變更，因拋棄此項路權，至今猶未籌議開辦。民國十一年，華盛頓會議，法代表並有願將廣州灣交還中國之說，則其所放棄者，豈僅此區區路權也哉。

## 第八節　廣澳鐵道

　　本路起廣州沙面對岸之芳村，至澳門，長凡一百二十五哩，又自陳村達江門枝路八十哩。當甲午之役以後，列邦競奪我國路權，葡萄牙雖與我國通商，在列邦先，然以國小未及染指。洎睹廣九歸英，澳門商務日就衰退，葡政府乃命駐京葡使布蘭科（Braco）向我外部，要求承造廣澳，以與廣九對抗。清廷主張中葡商民合辦，於光緒三十年十月初五日，由鐵路總公司督辦大臣盛宣懷與葡使訂立合同，組織華葡廣澳鐵路公司，資金各籌一半，葡政府不得干涉公司事務。我國發起人為梁雲逵、唐紹業等，着招股，異常熱心。葡商以合同獨利華商，招股無應募者，極感困難。梁等主張由華商獨立經營，請願政府，要求廢約，經外部與葡使再四交涉，至三十四年，廢約目的始達，郵傳部批准梁等集股承辦。宣統元年五月，廣澳鐵路公司甫成立，中葡之間忽起澳門境界問題，一時無法解決，廣澳終點須加變更。三年正月，梁等稟准郵部，先由芳村築至香山，俟中葡界務議妥，再照原案展至澳門。籌備甫就緒，而革命軍起，因而中止。民國二年四月，聘日人山本新次郎為工程師，測勘全線，七月，測完。適第二次革命發生，粵省紛擾不堪，股東皆懷觀望，無人繳股，測量費暨他用欸悉由公司發起人墊充，時局稍定，繳股仍無幾人，議向日本台灣銀行，借欸三百萬元，亦未成功。三年春夏之交，又與德華銀行接洽，避去借欸名目，採用包工形式，交涉停妥，德華巳派前津浦鐵道總工程師納得瑪赫測勘全線，決定以芳村至陳村為第一段工程，尅期興工，將訂正約，會歐戰起，又遭停頓。梁等焦灼萬分，派人分赴各埠及南洋羣島，催收股欵，然以廣東粵漢鐵道成績太壞，股息無着，股東多不願意繳股。梁等無法，惟再三請求粵省政府，展延開工期限，荏苒至今，尚無切實辦法。實則本路所經平洲、陳村、碧江、順德、馬寧、小欖、石歧諸地，人口稠密，物產豐富，地味肥沃，均甲粵省，生絲、米穀、果實，皆屬沿線特產，如路造成，其利益決視廣三尤有加也。

## 第九節　廣厦鐵道<sup>含惠潮</sup>

本路起廣州，迄廈門，延長三百九十七哩，係清光緒三十一年十一月十一日，南洋華僑廣東總商會會長張振勳，呈請商部奏准開辦。其線路，由廣州東關起，經黃埔、石龍、石灣、博羅、歸善、海豐、陸豐、葵潭、峽嶺、雲落、烏石、高浦、官歧、潮州、舖頭埠、鹽灶鄉、黃崗，以達福建之廈門。曾聘日人小松為工程師，勘測全線。據所報告，自廈門經漳州、詔安，至黃崗，一百二十二哩；經漳州、漳浦、雲霄、詔安，四小平原，兩平原間，多有山陵當道，須鑿山洞多座，約長五千一百呎；橋梁十餘座，共長三千一百二十四呎，平均每哩建設費，約需六萬元左右。自黃崗至廣州，須鑿山洞六座，共長六千七百呎，韓江、東江兩大橋及他小橋，共長一萬五千一百四十呎，工程均不甚難。嗣以股不易招，未經開辦，呈請郵部撤銷原案，得旨暫行緩辦。民國元年，粵督陳炯明等重議開辦，路線縮短，起石灣，與廣九連絡，經潮州，接潮汕，止於黃崗，計長二百七十五哩，正名為惠潮。俟幹路竣工，展築枝線至興寧，延長幹路至閩浙，接通滬杭甬線。擬向美國銀團借美金一千萬元，另招商股二千萬元，組織鐵路銀行，以期專營鐵路，借款半購材料，半付現款，卽以本路財產擔保。英以關係廣九利益，要求由英借款，故二年春間，曾有與匯豐銀行訂借一百五十萬磅之說。工程分為五段，自石灣至惠州為第一段，自惠州至海豐為第二段，自海豐至普寧為第三段，自普寧至潮州為第四段，自潮州至黃崗為第五段。未幾，二次革命戰起，陳因離職，本路卽已停辦，迄今無人籌及。

## 第十節　其他各路

### 一、渝柳鐵道

本路以貴陽為中心，南達廣西柳州，北至四川重慶，長約五百哩餘。民國八年春，美國資本家馬克得費爾 MacduFil 及旅美華僑代表趙子勤發起中美合辦。四月，曾於廣東，與貴州政府，訂立草約。其時西南獨立，並未通知北京交部，後以黔桂交界地方，山岳險峻，工程困難，款亦無着，迄未開辦。

### 二、安正鐵道

本路起安慶，經桐城、舒城、六安，至正陽關，延長一百八十哩。民國元年十月，皖督柏文蔚令管鵬以本路計畫，與安慶、正陽關兩商會及路礦協會商妥，設立安正鐵道籌備處。二年二月，柏卽委管辦理鐵道借款，管因與日本興業會社，訂立一千萬元借款合同，卽以本路財產擔保，先交墊款二十萬元，為測量經費。無何，第二次革命戰起，柏去位，路務亦停辦。九月十四日，政府以英使抗議，指為妨害浦信、津浦兩路權利，明令撤消籌備處焉。

### 三、錫湖鐵道

本路起滬寧鐵道無錫站，經宜興、溧陽、廣德，至浙江湖州，延長一百三十六哩。民國五年八月，陳其昌等發起修造，曾組織錫湖民業鐵路公司，準備招股七百萬元，其後無形消滅，殆以錫湖交通，既有錫湖輪船公司，航行小輪，無錫之米、湖州之絲，均得自由運輸，無須再造鐵道者歟。

### 四、西藏鐵道

本路由二線而成：一自四川成都，經雅州、打箭鑪、裏塘、巴塘、察木多、江達，至前藏首邑拉薩，再經後藏首邑札什倫布至亞東，長約一千三百五十哩；二由甘肅蘭州，經青海，至拉薩，長約九百哩。清末曾因統治西藏計畫，議由國家興築，當命四川總督及川滇邊務大臣、駐藏辦事大臣會商辦法，後以工艱款鉅中止。

### 五、儀泰鐵道

清光緒三十二年十二月初八日，江蘇候選道史濟禮等以招股認辦儀泰鐵路公司等情，稟請郵傳部立案，略謂：查泰州至儀徵等處，向為場鹽轉運要道，水運艱難阻碍甚多，集股修造自泰州至儀徵江口十二圩鐵道，長一百里，運鹽外兼搭客貨。事為兩淮鹽商所聞，乃稟請江督，自行集股開辦，認股者異常踴躍，旬日卽達一百萬兩。當推道員劉君曼、朱幼滋為總協理，預定三十四年四月興工，嗣以意見紛歧，迄未實現。

### 六、瓜清鐵道

本路起鎮江對岸瓜洲鎮，沿運河至清江浦，長約一百三十哩。前清蘇路公司計畫修造，南連滬甯，北接開海。入民國後，張謇欲改為清通，鎮揚士紳力爭，張乃允准瓜清、清通兩線，同時並造。

當由揚鎮紳商籌定資金，呈請交部核准立案，以便興工，交部以有
碍津浦，批駁不准，清通紳商再請，亦被拒絕，因遂停辦。

## 七、連巴鐵道

本路起連山灣，經錦州、朝陽、赤峯，至巴林，長約一百五十
哩，熊希齡、周自齊等曾擬修造此路，並擬由赤峯修至綏遠，名為
赤綏，長凡四百十哩，用以開發熱、察、綏三區者也。惟由錦州至
赤峯一段，早已定為京奉枝線，英有投資既得權，曾提出抗議，熊、
周計劃因難實現。現錦朝枝路，已由京奉展築，其大部分已通車。

# 第十六章　外國承辦鐵道

## 第一節　中東鐵道<sup>（原名東清）</sup>附俄境黑龍江鐵道

### 一、沿革

清光緒二十二年，中俄締結《喀西尼密約》，清廷許俄國建築滿洲鐵道。是年七月二十五日，卽命許景澄與華俄道勝銀行，議訂建造經理東省鐵路合同十二條，八月初二日簽押，載明所造鐵道，與俄之赤塔城及南烏蘇里河路線相接。由我國入股銀五百萬兩，名曰中國東省鐵路公司，其路及全體產業從開車日起，三十六年後，我國可給價收回；又從開車日起，八十年後，應以無價歸還我國。二十四年三月初六日，復在北京會訂條約九欵。閏三月十七日，又在聖彼得堡，續訂專條六欵，俄得租借旅順、大連灣二十五年及推廣南滿洲枝路，自東清幹路上擇站起，造達至遼東半島之大連灣及旅順口海口。一切辦法，除照華俄銀行所訂合同章程外，並續擬各節：一，大陸轉運自由權；二，開礦權；三，採木權；四，徵稅權；五，築便路權。俄以所求既遂，卽分段興工，於二十八年，幹枝線一律開業。三十年，日俄戰於滿洲，俄海陸軍均潰。三十一年八月初七日，日俄媾和，俄將東清枝路，自長春以南，連旅順、大連與煤礦業等，轉讓與日。十一月，經清廷承認。民國三年八月，歐戰勃發，俄加入協約國，我國亦於六年與協約國携手，對德奧宣戰。時值俄國革命，諾曼諾夫王朝傾覆，列甯復逐克倫斯基，代執俄政，力倡波爾希維克主義。十一月，駐哈護路俄軍應之，欲排東清路員，佔領全路，政府當電吉林督軍，驅之出境，協約國恐波爾希維克派東侵，並欲援助捷克西伐，特派重兵，屯駐哈埠一帶，並由美、英、法、日、意、俄與我國，共組聯合國特別委員會、技術部委員會、軍事輸送委員會等，以期通力合作。我國政府則以此路原屬與俄合辦，且全在國境以內，不應由他人越俎代謀。無何，俄曰黨謀據東清全路，以與波爾希維克派相持，並嗾全路員役同盟罷工。政府以其恣行擾亂，遂於九年三月十三日，電令吉督兼本路督辦鮑貴卿，率隊解散沿線俄軍。十五日，鮑軍解散罷工委員會本部，撤俄旗，易國旗，佔領俄國兵營，自是全路防衛，概由我國擔任，並經政府通告，收回法權，撤銷俄國使領待遇，協約國軍隊皆陸續撤去，各委員會亦同時取消。十月二日，遂由交通部決計代管該路，與道勝銀行，簽訂管理東省鐵路續訂合同，其期限以我國正式承認俄國政府，並彼此商定該路辦法為止，餘詳第五章第一節對俄交涉中。

## 二、工程

本路測勘，最初自赤塔，經舊次烏爾海墟、齊齊哈爾，直達海參崴。旋經改從屋允為一直線，過舊次烏爾海墟南，下呼倫池，橫斷興安嶺，出綽爾村，沿松花江上流西岸，經伯都訥、額木索諸地，與烏蘇里線接軌，最後始測定今線。光緒十六九年間，俄人尼哥拉斯烏克阿卽已暗中偷測，而清廷未之知也。幹線於二十三年七月初二日興工，枝線於二十四年六月興工。二十七年十一月，全路告竣。二十八年二月，開車營業。全路建設費，共用六億六千二百萬盧布。工程草率，無可比倫，蓋俄原為軍事之準備計，非為商業之發達計也。現在中東，共架橋梁六十二座，最長者為松花江兩橋，一長六百二十七丈（在哈爾濱），一長二百零七丈；山洞東境六座，長者二百十七丈，西境山洞，共長八百零一丈，工廠設在哈爾濱。

### 三、路線里程

幹線自滿洲里起，經呼倫貝爾、齊齊哈爾、哈爾濱、甯古塔，至綏芬河五站止，長二千八百十六華里，均單軌，軌間五呎，較國有各路皆寬一時半，設五十四站（站名詳後"各路里程總表"）。枝線自伯都訥，經長春、奉天至旅順口、大連灣，長一千八百二十華里，長春以南，已割與日，實存四百三十八華里，設舊哈爾濱、五家、雙城鎮、蔡家溝、石頭城子、陶瀨洲、窰門、烏海、沒砂子、寬城子十站。又有小枝路二線：一自哈爾濱至松花江岸，凡七華里；一自陶瀨洲至松花江岸，長四華里，總延長三千二百六十五華里，俄造此路，係因原定沿黑龍江至海參崴線路，工程太難。洎日俄戰後，知中東不可深恃，仍造該路，於清光緒三十四年興工，至民國四年八月，除布列雅、黑龍江兩橋外，全部告竣。布列雅橋成於五年四月，黑龍江橋成於六年四月，為該路工程之最難者。自赤塔東境家里穆斯克起，至東海濱省哈巴羅夫斯克止，計長一千八百七十五俄里，建設費三億一千六百萬盧布。

### 四、附屬事業

俄於光緒三十年，專設東路地畝處。三十三年，與吉、黑兩省，訂購地合同，即以極廉價格，購買沿線各地，多至一萬方里，廣闢利源，其害不堪言狀。自代管後，吉、黑當局始設法全數收回，另設中東鐵路地畝清理處管理之。又光緒二十七年，俄人擅掘撫順煤礦。三十三年，又與黑省訂採礦合同，與吉省訂採礦及伐木合同。三十四年，復與黑省訂經營森林合同。此皆中東在俄管時附屬事業之最鉅者，亦我國當時之最失計者。至關附屬地帶，所有權利之喪失，參閱拙著《中國喪地史》，"外國在華行政地域"章（此書中華書局出版）。

## 第二節　南滿鐵道<sup>含安奉</sup>

### 一、沿革

自日俄戰事告終，滿洲局勢為之陡變，俄於光緒三十一年（日本明治三十八年）八月初七日，與日本在美國博資茅斯，締結媾和條約，將東清枝線，自寬城子站以南各路及礦山，暨大連旅順租借地，一律割歸日本。十一月二十六日，經清廷正式承認，所謂《中日滿洲協約》是也。當時鐵道及各項權利，管理者為日本野戰鐵道部。日政府審察機宜，與其由政府直接經營，不如倣俄成法，利用商業公司，以為政府前驅，乃於三十二年五月（明治三十九年六月七日），頒布《設立南滿鐵道會社條例》二十六條，資金定為二億元日金；政府一億，即以所得俄之鐵道暨各項權利充之；一億由中日商民募集，顧清廷曾向日政府聲明，不願附股，故全數皆歸日人擔任。綜其經營範圍，則凡海運、港灣、礦業、電氣、瓦斯、旅舘、醫院、市場、學校及公園、馬路等，一切地方政治事業，皆歸管理。蓋視東清鐵道公司，更進一步，而與英國昔日之東印度公司埒矣。六月二十六日，又將前在我國境內擅築之安奉軍用鐵道及一切附屬產業，售與南滿會社，擴其勢力，而與朝鮮鐵道接軌。安奉鐵道築於光緒三十年，軌間二呎六吋。安東至下馬塘九十八哩，遼陽大戰前卽已竣工。下馬塘至奉天七十二哩，尋始完成，歸陸軍省管轄。建築之初，並未請求我國，日俄媾和而後，始於三十一年十二月，要求清廷，訂《滿洲善後條約》，於第六條載明，將安奉改為工商鐵道，除運兵十二個月不計外，以二年為改良竣工之期；十五年後，由我國備價贖回，我國並為設購地總局及鐵道警察。而日人故延工程，且於宣統元年正月，要求變更路線，清廷據約嚴拒。日竟自由行動，二年二月二十六日，遂與東督錫良，議定鴨綠江架橋條欵四則。三年九月十一日，始全路通車。民國四年五月九日，政府承認日本二十一條要求，將安奉南滿，均展為九十九年，並取消南滿之無價歸還條件，於是所謂安奉十五年後得以贖回，南滿自開車日起三十六年後備價收回，及八十年後無價歸還之約，率歸消滅。八年四月，南滿會社以事業日形發展，增加資金為四億四千萬元，日政府認股一億二千萬，民間招股一億二千萬，其經營之不遺餘力，可概見矣。

## 二、工程

南滿軌間初亦五呎，日本佔領以後，戰時曾改為三呎六吋，便彼內地車輛駛行，嗣復改為四呎八吋半。光緒三十四年四月，全部改竣，共費日金四千二百餘萬元。沿線地勢，概屬平坦，無一山洞，橋梁則有六百一十座，共長五萬二千六百五十一呎，最長者為渾河橋（二千六百零六呎）、清河橋（二千二百六十二呎）、太子河橋（一千四百六十七呎）、熊岳城橋（一千三百五十三呎）。安奉沿線，崇山峻嶺，工程極難，山洞鑿至二十四座，共長二萬六千五百三十八呎，皆在鷄冠山及石橋子間，最長者為橋頭、本溪湖間之福金嶺（四千八百八十四呎）、鳳凰城劉家河間之鷄冠山（三千二百五十四呎）。以通過山谿太多，故架鐵橋二百二十座，共長二萬四千五百呎，最長者為本溪湖附近之太子河橋，長達一千七百七十九呎，費時一年，日金三十四萬五千元始成。全線改築，歷二年又二月告竣，共費日金三千萬元，而鴨綠江鐵橋，猶不在內。鴨綠江橋，長三千零九十八呎，與京漢、津浦兩黃河橋，共稱我國三大鐵橋，宣統元年（明治四十二年八月）興工，三年竣工，實施工作十六閱月，共用日金一百四十萬六千八百元，將來我國贖回安奉，此橋亦得贖回一半。南滿工廠，設我大連之北沙河口，為東洋有數之工廠。此外，遼陽有分廠，蘇家屯有枕木注射場、大連有電氣修繕場。

### 三、線路里程

本路幹線有二。南滿起長春，經昌圖、開原、鐵嶺、奉天、蘇家屯、遼陽、蓋平、金州，至大連，凡七十四站（站名詳後「各路站名里程總表」），長四百三十八哩五，全係雙軌。安奉起安東，經鳳凰城、橋頭至蘇家屯，皆單軌，凡二十七站（站名詳後「各路站名里程總表」），長一百六十一哩七，共計六百哩二。枝線有五：一，由臭水子至旅順口，長三十一哩六，設臭水子、夏家河子、營城子、龍頭、旅順五站。二，由蘇家屯至撫順，長三十哩九，設蘇家屯、榆樹台、孤家子、深井子、李石寨、撫順六站。三，由大石橋至營口，長十三哩九，設大石橋、草河口、祁家堡、營口四站。四，由榆樹台至奉天，長七哩九，設榆樹台、渾河、奉天三站。五，煙台至煙台煤礦，長九哩七，設二站，共計九十四哩。又渾河榆樹台連絡線二哩五，長春、吉長連絡線〇·九哩，由大房身至柳樹屯三哩六。幹枝線總延長七百零一哩二。

### 四、附屬事業

本路為日本侵略南滿、東蒙之大本營，現獲每年餘利五千萬元左右，附屬事業收入猶不在內。其於各項附屬事業投資，較直接投諸鐵道者，幾達一倍之多，與我國有各路，絕不相同，茲舉其著者列下，以資國人觀覽，而圖所以救濟之道焉。

（一）海運

日人為謀歐亞交通之便宜，特將大連、青島、上海、香港各航路，均一手經辦，現歲收一百五十餘萬元。

（二）港灣

大連港工，在俄管時，尚未及半。南滿會社努力趕築，近已完成。計每年有進出四百萬噸貨物之能力，現歲收七百五十萬元。

（三）礦山

撫順煤礦日出九千噸，煙台日出三百噸，均南滿會社自辦。其租於人者，則有柞子窰、石碑嶺、陶家屯三處。計歲收四千餘萬元。而撫順附近，且造一大市鎮，設有電車、自來水、瓦斯、電燈、電話等，為該礦之附屬事業。

（四）鞍山製鐵所

在鞍山站設有製鐵工場，預計歲製銑鐵一百萬噸。其煤與鐵礦砂及石灰，均由中日合辦振興公司供給。現歲收三百六十餘萬元。

（五）電氣事業

大連、奉天、長春、安東及撫順煤礦，鞍山製鐵所，均設有電氣廠，為供給電燈及電力之營業，現歲收□❶百二十餘萬元。

---

❶　原書模糊。——編者註

（六）瓦斯

（卽自來火）大連設有瓦斯廠，現在一晝夜有一百四十萬立方呎之瓦斯發生能力，用戶已達一萬四千餘戶。而撫順鞍山，亦有設置，以供市街之用。現歲收八十餘萬元。

（七）旅館

大連、旅順、奉天、長春及大連郊外之星浦海岸、旅順之黃金台等處，均開辦旅館暨別墅，規模宏大，設備完美，現歲收百餘萬元。

（八）地方事業

設有地方事務所十一處，支所九處，凡鐵道附屬地之土木、教育、警備、勸業、衛生諸項，均歸其主辦，附屬地面積約七千九百萬坪（一坪為三・三〇五七九方公尺）。沿線均設新街市、公園及市場等，極其完美。現歲收三百九十餘萬元。

此外，尚有試驗所三處。中央試驗所設在大連，掌管滿洲殖產工業及衛生上之試驗研究。農事試驗場設在公主嶺（分場有熊岳城、鄭家屯兩處），以植物苗木之養成及牧草、花卉、蔬菜、試種、農產、養蠶、畜產及林產之改良發達為目的。地質調查所設在奉天，以調查滿蒙之地質礦物及應用地質諸原料，為其主要之目的。此皆無收入者也。

## 第三節　滇越鐵道

### 一、沿革

清光緒十一年四月，中法會訂《越南條約》，載明若中國修造鐵道，可向法人商辦。二十一年五月，續訂商約，謂越南鐵道，可接至中國界內。二十三年秋，法使呂班即要求建造雲南鐵道特權，清廷猶豫未決。法越南總督杜邁不待外交終局，即令大尉邦勒甘，藉考察雲南地理為名，探測溯紅河至蒙自線路。尋又命越南交通司基勒莫它測勘老開至雲南全線，老開至蒙自由少佐郭士蘭領測，報告謂適當熱帶，水流湍急，瘴厲遍地，居民甚稀。蒙自至省城由大尉布金容領測，報告謂氣候適宜，物產豐富，居民繁殖，交通亦便。復令衞牙進測雲南至四川敍州線路，報告謂物產雖富，山岳亦多。如此自由行動，蔑視我國主權，亦云甚矣。逮中日議和，法以魯仲連自居，要求酬答，對我提出四欵：一，雲南、廣東、廣西等省，照英於長江之例，不得讓與他國；二，中國郵政局總管，須令法員充任；三，越南往雲南省城，修造鐵道；四，租借廣州灣。二十四年三月十九日，由總理衙門與法呂使訂立《滇越鐵路章程》三十四條，載明自東京至雲南省城之鐵道權利，由中國讓諸法國政府或公司，中國惟有供給鐵道用地及附屬物之義務；十八年後，中國得給價贖回；八十年後，以無價歸還中國。嗣以拳亂，中止進行。至二十九年九月初九日，始由外務部奏准。《滇越鐵路章程》既定，法即派玖巴（Guibert）、丟夥（Dufour）諸人，詳測路線，並繪軍用地圖，一面令越南銀行與印度支那銀行，合組滇越鐵路公司。我國除鐵路用地作股二百萬兩外，餘皆法國資本，並命駐滇法領事康蘇雅，協辦鐵道事務，招集工程師多人，加工趕造。法大資本家伯爵韋大利且躬赴滇省，運動當道，竭力贊助，保護路工，因是，宣統二年，即得全路通車。

## 二、工程

本路所經崗巒峭削，海拔高達五千七百密達（芷村站南），工程艱鉅，過於正太數倍，乃世界有名者也。共鑿山洞一百五十八座，計長六萬零六百八十呎，約當全線二十五分之一。以河口至蒙自一百十三哩間為特多，計有一百二十八座；阿迷至可保村間次之，架橋四百二十五座，共長一萬六千七百二十八呎。以河口、老開間之南溪橋為最長，以波渡箐猓姑寨間之峽橋為最險，兩端緊接山洞，其下絕澗千仞，猿不可攀，當時旋架旋塌，登報徵求工師，費一年餘始成，稱本路第一難工。且沿線皆山，峯回路轉，多為人跡罕到之區，瘴厲特重，土人懼不應招，直魯工役，死於建築中者，達五千人以上，至有枕木一根，卽代表一命之傳說云。光緒三十年開工，老開至蒙自，宣統元年三月告竣；蒙自至雲南省城，二年二月十一告竣。共費法金一億五千八百四十六萬六千八百八十八佛郞。

## 三、線路里程

本路起滇越交界之老開，經河口，循南溪，過蒙自、阿迷、宜良、呈貢，至雲南省城南關，長二百九十三哩，岔道極多，共長十五哩。均單軌，軌間一密達，較正太尤窄，軌枕多用鐵材。路線傾斜最激，自灣塘以北至芷村及自宜良至可保村，只能掛車六輛，視正太猶少二輛，足見山之陡峻，路之曲折矣。又路線經過，多在山腰或山麓，一值雨季，山洪暴發，動輒沖毀路軌，時須修繕。營業則因地方偏僻，貨客不甚發達，歷年均有虧絀，迄今每年，猶從越南總督府支出補助金三百萬佛郞。全線共設三十六站（站名詳後"各路里程總表"）。

## 第四節　龍州鐵道

本路之發端，遠伏於清光緒十四年，中法之續議商務傳條其附章第五欵，載明越南鐵道，或已成者，或日後添設者，彼此議定，可由兩國酌商，妥訂辦法，接至中國界內。自甲午我國被挫於日，法遂乘機思逞，於二十一年十月十九日，由法使向總理衙門，索辦由廣西龍州至鎮南關鐵道，俾與越南之河內鐵道銜接。總署當答以該路，由中國自辦，恐其再行催促也，特於二十日，電桂撫史念祖，迅卽派員查勘路線，以免法使藉口。二十七日，史派康際清前往踏勘，並電提督蘇元春派兵保護。十一月三十日，康勘丈完畢，繪具圖說，稟明桂撫。適法使據前約力爭，並謂桂撫勘估該路需銀二百三十萬兩，敝國費務林公司實可包辦。總署以法使再四恫嚇，不得已於二十二年二月初一日，允其所請。十四日，電桂撫速派員估計修造該路應用欵項，史仍派康前往。三月初七日，總署以既允法國費務林公司包辦，而我國不可不保其監督之權，特電桂撫，速設龍州鐵路官局，並於初十日，奏派蘇元春為督辦，康為幫辦。四月初二日，康稟報造路各費共需銀二百二十七萬三千五百五十兩有奇。二十四日，總署派郎中舒文，以代表龍州鐵路官局名義，與法國費務林公司監工葛理義，訂立合同八條。略謂中國予令費務林公司，承辦龍州至鎮南關鐵道，工程由中國官局稽查，其造路並預先勘路，均系包辦，逐段將器具房屋、機械物料、車輛等件費用，由公司呈報官局，自呈報日起，限三個月付價，倘有限內未付之欵，按每年七釐行息；購地由官局辦理，造成後由公司代為行車經理，合同期限三十六年，期滿亦准會商展訂；其線路，自龍州之伏波廟碼頭起，經鴨水灘、憑祥州，而至鎮南關，共一百五十華里。法國由此延長入越南界，經諒山、北甯，而達於首府河內。五月二十一日，奏明訂造龍州鐵路合同情形，旨准，旋函桂撫查照。八月二十五日，龍州鐵路官局卽開局辦公。

二十四年，費務林公司將全路勘竣，與蘇督辦議估造價，第一次估庫平銀五百四十九萬二千餘兩，第二次以改圖故，估庫平銀六百另一萬九千餘兩。蘇以所估太昂，核減為二百六十四萬餘兩。該公司乃根據合同，請中證人公斷，仍定為五百九十九萬餘兩。蘇無法應付，遂齎估冊於二十五年六月赴京，而總署亦認其過鉅，囑蘇商改做法，另議價值。七月二十八日，蘇以總署之言，告公司監工博浪澄及法使，始議將我國之標準軌間改為法國一密達，其價在三百二十萬兩左右，於八月十一日，另訂合同十一條，二十一日奏准。此減省辦法議定之後，該公司卽將土工，分段修築。詎其明年庚子，聯軍入京，兩宮西走，本路遂於六月停工，計自二十二年八月開辦，至停工止，凡三年又十一個月。鐵路官局，共約用銀三十萬兩，自是以後，永未進行。至民國十二年春，雖成龍州至同登長途汽車路，然與上述合同，無關係也（參看拙著短篇遊記《龍同長途汽車路遊記》）。

# 附錄一　孫中山先生中國鐵路建設計劃

## 第一部　中央鐵路系統

此系統將為中國鐵路系統中最重要者，其效能所及之地區，徧包長江以北之中國本部及蒙古、新疆之一部。論此廣大地域之經濟的性質，則其東南一部人口甚密，西北則疏；東南大有鑛產之富，而西北則有潛在地中之農業富源。所以此系統中，每一綫皆能保其能有利如京奉路也。

以此北方、東方兩大港，為此系統諸路之終點，故吾擬除本區現存及已計劃各線之外，建築下列各線，合而成為中央鐵路系統。

（天）東方大港—塔城綫；

（地）東方大港—庫倫綫；

（玄）東方大港—烏里雅蘇台綫；

（黃）南京—洛陽綫；

（宇）南京—漢口綫；

（宙）西安—大同綫；

（洪）西安—寧夏綫；

（荒）西安—漢口綫；

（日）西安—重慶綫；

（月）蘭州—重慶綫；

（盈）西安州❶—于闐綫；

（昃）婼羌—庫爾勒綫；

（辰）北方大港—哈密綫；

（宿）北方大港—西安綫；

（列）北方大港—漢口綫；

（張）黃河港—漢口綫；

（寒）芝罘—漢口綫；

（來）海州—濟南綫；

（暑）海州—漢口綫；

（往）海州—南京綫；

（秋）新洋港—南京綫；

（收）呂四港—南京綫；

（冬）海岸綫；

（藏）霍山—嘉興綫。

**（天）東方大港—塔城綫**　此綫起自東方大港之海邊，向西北直走，至與俄國交界之塔城為止，全長約三千英里。如使以上海為東方大港，則滬寧鐵路，即成為此路之首一段。但若擇用乍浦，則此綫應沿太湖之西南岸，經湖州、長興、漂陽，❷ 以至南京。於是在南京西南，渡長江，至全椒及定遠。此時綫轉而西，經壽縣及潁上，於新蔡，入河南界。在確山，橫截京漢綫後，過泌陽、唐縣、鄧州，轉而西北，至淅川，及荊紫關，入陝西界。泝丹江谷地而上，通過

---

❶　"西安州"疑為"安西州"；——編者註
❷　"漂陽"當為"溧陽"。——編者註

龍駒寨，及商州。度藍關，至藍田，及西安。西安者，陝西之省城，中國之古都也。由西安循渭河西行，過盩厔、郿縣、寶雞，於三岔，入甘肅界。進向秦州、鞏昌、狄道，及於甘肅省城之蘭州。自蘭州，循昔日通路，以至涼州、甘州、肅州、玉門，及安西州。由此西北行，橫絕沙漠，以至哈密。自哈密轉而西，達吐魯番。在吐魯番，與西北鐵路系統之綫會，即用其綫路軌，以至迪化，及綏來。自綏來與該綫分離，直向邊界上之塔城，途中切斷齊爾山而過。此綫自中國之一端，至於他一端，全長三千英里，僅經過四山脈。而此四山脈，皆非不可逾越者，由其自未有歷史以前，已成為亞洲貿易通路一事，可以知之矣。

**（地）東方大港—庫倫綫**　此綫自東方大港起，即用（天）綫路軌，迄於定遠，定遠即在南京渡江後第二城也。自定遠起，始自建其路軌，進向西北，達於淮河上之懷遠，於是歷蒙城、渦陽，及亳州，更轉迤北。過安徽界，入河南，經歸德，又出河南界，入山東界，於是經曹縣、定陶、曹州，渡黃河，入直隸界。通過開州，再入河南，至於彰德。自彰德循清漳河谷地，西北走，出河南界，入山西界，於是本綫通過山西省大煤鐵鑛田之東北隅矣。既入山西，仍遵此谷地，至遼州，及儀城。越分水界，入洞渦水谷地，至榆次，及太原。自太原西北進，入山西之別一煤鐵鑛區，至於岢嵐，又轉而西，至保德，於此渡黃河，至府谷，陝西省之東北隅也。此綫自府谷北行，截開萬里長城，入綏遠區，再渡黃河，至薩拉齊。由薩拉齊起，西北行，截過此大平原，至西北幹路之甲接合點，在此處與多倫諾爾庫倫間之公綫合，以至庫倫。此線自中國中部人口最密之地，通至中部蒙古土沃人稀之廣大地域。其自定遠至甲接合點之間，約長一千三百英里。

（玄）**東方大港—烏里雅蘇台綫**　自東方大港，因用（天）綫路軌，至於定遠，再用（地）綫路軌至於亳州。由亳州起，分支自築路軌，西向行，越安徽省界，至河南之鹿邑。自此處轉向西北，逾太康、通許以及中牟。在中牟與海蘭綫相會，並行至於鄭州、滎陽、氾水。在氾水，渡過黃河，至溫縣，又至懷慶。出河南界，入山西界，於是乃過陽城、沁水、浮山，以至平陽。在平陽渡汾水，至蒲縣、大寧，轉而西，至省界，再渡黃河，入陝西境，於是進至延長。遵延水流域，以至於延安、小關、靖邊，然後循長城之南邊以渡黃入甘肅，又河，至寧夏。自寧夏而西北，過賀蘭山脈，至沙漠緣端之定遠營。於此取一直綫，向西北走，直至西北鐵路系統之乙接合點，與此系統合一綫，以至烏里雅蘇台。此綫所經之沙漠及草地之部分，均可以灌漑工事改善之。其自亳州至乙接合點之距離，為一千八百英里。

（黃）**南京—洛陽綫**　此綫走於中國兩古都之間，通過姻戶極稠，地質極肥之鄉落，又於洛陽一端，觸及極豐富之鑛田。此綫自南京起，走於（天）（地）兩綫公共路軌之上。自懷遠起，始分支西行，至太和。既過太和，乃逾安徽界，入河南界，又沿大沙河之左岸，至周家口，此一大商業市鎮也。自周家口進至臨穎，與京漢綫交，更進至襄城、禹州，則河南省大煤鑛田所在地也。自禹州而往，過嵩山分水界，以逮洛陽，與自東徂西之海蘭綫相會。此綫自懷遠至洛陽，凡三百英里。

（宇）**南京—漢口綫**　此綫應循揚子江左岸而行，以一支綫與九江聯絡。自南京對岸起，西南行，至和州、無為州，及安慶。安慶者，安徽省城也。自安慶起，仍循同一方向，至宿松、黃梅。自黃梅別開一支綫，至小池口，渡揚子江，以達九江。本綫則自黃梅轉而西，至廣濟，又轉而西北，至蘄水，卒西向，以至漢口。距離約三百五十英里，而所走之路，平坦較多。

**（宙）西安—大同綫**　此綫自西安起，北行，至於三原、耀州、同官、宜君、中部、甘泉，以至延安，與東方大港—烏里雅蘇台綫相會。自延安起，轉而東北，至於綏德、米脂，及黃河右岸之葭州，卽循此岸而行。至蔚汾河與黃河滙流處（在對岸），渡黃河。至蔚汾河谷地，循之以至興縣、岢嵐，在岢嵐與東方大港庫倫綫相交。過岢嵐至五寨，及羊房，截長城而過，至朔州，乃至大同，與京綏綫相會。此綫約長六百英里，經過陝西有名之煤、油鑛，又過山西西北煤田之北境，其在終點大同，與京綏綫合。借大同至張家口一段之助，可與將來西北系統中，聯絡張家口與多倫諾爾之一綫相屬。

**（洪）西安—寧夏綫**　此綫應自西安起，西北向行，至涇陽縣、淳化、三水（今改稱枸邑）。過三水後，出陝西界，入甘肅界，於正寧轉而西，至寧州。自寧州始入環河谷地，循其左岸，上至慶陽府及環縣，乃離河岸。經清平、平遠後，與環河相會。仍循該谷地，上至分水界，過分水界後，至靈州，渡黃河，至寧夏。此綫長約四百英里，經過鑛產及石油最富之地區。

**（荒）西安—漢口綫**　此綫聯絡黃河流域最富饒一部與中部長江流域最富饒一部之一重要綫路。此綫自西安起，用（天）綫路軌，過秦嶺，出至丹江谷地，直至淅川，始分綫。南行，過省界，至湖北。循漢水左岸，經老河口，以至襄陽對岸之樊城。由樊城仍循此岸，以至安陸。由此以一直綫東南至漢川及漢口，全綫約長三百英里。

**（日）西安—重慶綫**　此綫自西安起，直向南行。度秦嶺，入漢水谷地，經寧陝、石泉、紫陽，進於任河谷地。逾陝西之南界，於大竹河入四川境，於是逾大巴山之分水界，以入太平河谷地。循此谷地而下，至綏定，及渠縣，乃轉入此谷地之左邊。至於鄰水，又循商路，以至江北及重慶。此綫全長約四百五十英里，經由極多產物之地區及富於材木之地。

（月）**蘭州—重慶綫**　此綫從蘭州起，西南行，用（天）綫之綫路，直至狄道為止。由此分支，進入洮河谷地，過岷山分水界，入黑水谷地。沿之而下，至於階州，及碧口。自碧口而降，出甘肅界，入四川界，進逮昭化，黑水河卽在昭化與嘉陵江合。自昭化起，卽順嘉陵江，降至保寧、順慶、合州以及重慶。此綫約長六百英里，經過物產極多、鑛產極富之地區。

（盈）**安西州—于闐綫**　此綫貫通於戈壁沙漠與阿勒騰塔格嶺中間一帶肥沃之地。雖此一帶地方，本為無數山間小河所灌溉，潤澤無缺，而人口尚極蕭條，則交通方法缺乏之所致也。此綫完成之後，此一帶地方，必為中國殖民❶最有價值之處。此綫起自安西州，西行，至敦煌。循羅布泊沼地之南緣端，以至婼羌。自婼羌仍同一方向，經車城以至於闐，與西北系統綫之終點相接。藉此系統之助，得一東方大港與中國極西端之喀什噶爾直接相通之綫。自安西州以至于闐，長約八百英里。

（戾）**婼羌—庫爾勒綫**　此綫沿塔里木河之下游，截過沙漠，其綫路兩旁之地，給水豐足。鐵路一旦完成，卽為殖民上最有價值之地。本綫長約二百五十英里，與走於沙漠北緣端之綫相聯屬。沙漠兩邊肥饒土地之間，此為捷徑。

---

❶ 指將內地民眾迁移至边疆地區，充實边防力量。——編者註

（辰）**北方大港—哈密綫**　此綫自北方大港，西北行，經寶坻、香河，以至北京。由北京起，卽用京張路軌，以至張家口。由此以進入蒙古高原，於是循用商隊通路，向西北行，以至陳台、布魯台、哲斯、托里布拉克。自托里布拉克向西，取一直綫，橫度內外蒙古之平原及沙漠，以至哈密，以與東方大港—塔城綫相聯絡。而該綫則直通於西方新疆首府之迪化，故此綫卽為迪化城與北京及北方大港之直通綫。此綫長約一千五百英里，其中有大部分，走於可耕地之上，然則其完成之後，必為殖民上最有價值之鐵路矣。

（宿）**北方大港—西安綫**　此綫將自北方大港西行，至於天津，由該處西行，經過靜海、大城，以至河間。由河間更偏西行，至於深澤、無極，又與京漢綫交於正定，卽於此處與正太綫相接。自正定起，卽用正太綫路，但該綫之窄軌，應重新建築，改為標準軌間，此所於便於太原以往之通車也。自太原起，此綫向西南行，經交城、文水、汾州、隰州，以至大寧。由大寧轉而西行，渡黃河，又西南行，至宜川、洛川、中部。在中部，與西安—大同綫相會，卽用其路綫以達西安。此綫長約七百英里，其所經者，則農產物極多之地區，又煤、鐵、石油豐富廣大之鑛田也。

（列）**北方大港—漢口綫**　此綫自北方大港起，循海岸而行，至北塘、大沽、岐口，又至鹽山。出直隸界，入山東界於樂陵。自樂陵而往，經德平、臨邑，至禹城，與津浦綫相交。進至東昌、范縣，於是渡黃河，至曹州。旣過曹州，出山東界，入河南界，與海蘭綫相交。至睢州，由此進至太康，與（玄）綫相交。經陳州及周家口，與（黃）綫相交。又至項城、新蔡、光州，及光山。旣過光山，逾分水嶺，入湖北境，經黃安，至漢口。此綫長約七百英里，自北方大港以至中國中部之商業中心。

（張）**黃河港—漢口綫** 此綫自黃河港起，西南行，至於博興、新城、長山，乃與膠濟綫相交。至博山，上至分水界，入於汶河谷地。至泰安，與津浦綫相交。又至寧陽，及濟寧。自濟寧而進，以一直綫向西南，至安徽之亳州、河南之新蔡。自新蔡起，與北方大港—漢口綫合，以至漢口。自黃河港至新蔡，約四百英里。

（寒）**芝罘—漢口綫** 此綫起於山東半島北邊之芝罘，即橫斷此半島，經過萊陽、金家口，以至於其南邊之即墨。由即墨起，向西南，過膠州灣頂之窪泥地，作一直綫，至於諸城。既過諸城，越分水界，以入沭河谷地，至莒州，及沂州；進至徐州，與津浦、海蘭綫相會。自徐州起，即用津浦路軌，直至安徽之宿州，乃分路。至蒙城、穎州，過省界，入河南光州，即於此處，與北方大港—漢口綫相會，由之至漢口。此綫自芝罘至光州，長約五百五十英里。

（來）**海州—濟南綫** 此綫發海州，循臨洪河，至歡墩埠，轉西向，至臨沂。由臨沂始轉北向，次西北向，經蒙陰、新泰，至泰安。在泰安，與津浦綫會合，取同一軌道，而至濟南。此綫自海州至泰安，長約一百一十英里，經過山東南部之煤、鐵鑛場。

（暑）**海州—漢口綫** 此綫自海州出發，西南行，至沭陽，與宿遷，或與現在海蘭綫之豫定綫路相同。自宿遷而往，經泗州、懷遠，與東方大港—庫倫綫及烏里雅蘇台綫相交。既過懷遠，乃向壽州，及正陽關，即循同一方向。橫過河南省之東南角，及湖北之分界嶺，過麻城，至漢口。長約四百英里。

（往）**海州—南京綫** 此綫從海州向南，至安東，稍南至淮安。既過淮安，渡寶應湖（此湖應按建國方略第二計畫第四部整治淮河，施以填築），經天長、六合，以至南京。全長一百八十英里。

（秋）**新洋港—漢口綫** 此綫自新洋港起，而至於鹽城，過大縱湖（此湖亦應填築），至淮安。自淮安轉向西南，渡過洪澤湖之東南角（此湖仍應填築），至安徽之盱眙。既過盱眙，在明光附近，與津浦綫相交，又至定遠，與（地）（玄）兩線相會。過定遠後，進至六安、霍山，踰湖北之分界嶺，過羅田以至漢口。全長約四百二十英里。

**（收）呂四港—南京綫** 此綫由呂四港起，呂四港者，將來於揚子江口北端盡處應建之漁業港也。自呂四港起，西行至於通州，轉西北行，至如皋，又西行，至泰州、揚州、六合、南京。全長約二百英里。

**（冬）海岸綫** 此綫自北方大港起，循北方大港—漢口綫，至於岐口。始自開綫路，密接海岸以行，過直隸界，至山東之黃河港，進至於萊州。離海岸，畫一直綫，至招遠，及芝罘，以避煙濰鐵路之計畫綫。由芝罘轉而東南，過寧海，及文登。自文登引一支綫至榮城，又一綫至石島。其本綫轉而西南，至海陽，及金家口，與芝罘漢口綫合。循之直至於膠州灣之西端，折而南，至靈山衛。自靈山衛轉而西南，循海岸，至日照，過山東界，入江蘇省。經贛榆，至海州，於是向西南進，至鹽城、東臺、通州、海門，以達於崇明島。此島以揚子江之治水堤之故，將與大陸聯為一氣矣。其自崇明赴上海，可用渡船，載列車而過。此自岐口迄崇明之綫，約長一千英里。

**（藏）霍山—蕪湖—蘇州—嘉興綫** 此綫自霍山起，而❶舒城，及無為。乃過揚子江，至蕪湖，又過高淳、溧陽、宜興。過太湖之北端（將來填築）至蘇州，與滬寧綫會。過蘇州後，轉而南，至滬

---

❶ "而"疑當為"過"。——編者註

杭綫上之嘉興。此綫走過皖、蘇兩省富庶之區，長三百英里，將成為上海、漢口間之直接路綫之大部分。

按中央鐵路系統，各綫全長統共約一萬六千六百英里。

# 第二部　東南鐵路系統

本系統縱橫布列於一不規則三角形之上。此三角形，以東方大港與廣州間之海岸綫為底，以場子江重慶至上海一段為一邊，更以徑由湖南之廣州、重慶甲綫為第二邊，而以重慶為之頂點。此三角形，全包有浙江、福建、江西三省，並及江蘇、安徽、湖北、湖南、廣東之各一部。此地富有農鑛物產，而煤、鐵尤多，隨在有之，且全區人口甚密，故建鐵路，必獲大利。

以東方大港、南方大港及其間之二、三等港，為此鐵路之終點，可建築下列之各綫。

（天）　東方大港—重慶綫；

（地）　東方大港—廣州綫；

（玄）　福州—鎮江綫；

（黃）　福州—武昌綫；

（宇）　福州—桂林綫；

（宙）　溫州—辰州綫；

（洪）　廈門—建昌綫；

（荒）　廈門—廣州綫；

（日）　汕頭—常德綫；

（月）　南京—韶州綫；

（盈）　南京—嘉應綫；

（昃）　東方、南方兩大港間海岸綫；

（辰）　建昌—沅州綫。

**（天）東方大港—重慶綫**　此綫於揚子江以南，殆以一直綫，聯結中國西方商業中心之重慶與東方大港。此綫起於東方大港，至杭州，經臨安、昌化，以至安徽省之徽州（歙縣）。由徽州進至休寧、祁門，於是越安徽省界，入江西境，過湖口，至九江。自九江起，循揚子江右岸，越湖北界，至興國州，又進至通山、崇陽。在崇陽踰界，至湖南岳州。自岳州起，取一直綫，貫洞庭湖（此湖將來應行填塞），至於常德。由常德沂溇水谷地而上，過慈利，再逾省界，入湖北之鶴峯，於是及於施南與利川。在施南，應開一支綫，向東北界走，至宜昌。在利川，應另開一支綫，西北行，至萬縣。此宜昌、萬縣兩地，均在長江左岸。自利川而後，入四川界。過石砫，至涪州，與廣州—重慶甲綫，會於涪州。遂過烏江，循揚子江右岸而上，至與廣州—重慶乙綫會而後已。此後以同一之橋渡江，至對岸之重慶。連支綫，長約一千二百英里。

**（地）東方大港—廣州綫**　此綫由一頭等海港，以一直綫，至他頭等海港。自東方大港起，至杭州，折而西南行。遵錢塘江左岸，過富陽、桐盧，至嚴州，及衢州，更進過浙贛省界，至廣信（上饒）。由廣信起，經上清、金谿，至建昌，然後進至南豐、廣昌、寧都。由寧都而往，至雩都、信豐、龍南，過贛粤界嶺，至長寧（新豐），於是經從口以至廣州。長約九百英里。

**（玄）福州—鎮江綫**　此綫起自福州，經羅源、寧德，以至福安。於是進而逾閩浙邊界，以至泰順、景寧、雲和、處州，於是進經武義、義烏、諸暨，以達杭州。杭州以後，經德清，及湖州，逾浙江省界，以入江蘇。循宜興、金壇、丹陽之路而進，以至鎮江。此綫長五百五十英里。

（黃）福州—武昌綫 此綫自福州起，沿閩江左岸，過水口，及延平，至於邵武。邵武以後，過浙江界，入於江西。經建昌，及撫州，以至省城南昌。由南昌而入湖北之興國，過之，以至湖北省城武昌。全長約五百五十英里。

（宇）福州—桂林綫 此綫自福州起，渡過閩江，進而取永福（永泰）、大田、寧洋、連城一路，以至汀州（長汀）。於是過閩贛省界，入於瑞金。由瑞金進至雩都、贛州，又進至上猶及崇義。崇義以後，過贛湘邊界，至桂陽縣（汝城）及郴州。與粵漢綫交於郴州，遂至桂陽州，又進至於新田、寧遠、道州，與廣州—重慶甲、乙兩綫相遇。道州以後，轉而南循道江谷地而上，至廣西邊界。過界，直至桂林。此綫長約七百五十英里。

（宙）溫州—辰州綫 此綫由溫州新港起，猶甌江左岸而上，至於青田。由青田進向處州，及宣平，轉而西，出浙江省界，入江西之玉山。自玉山經過德興、樂平，乃沿鄱陽湖之南岸，經餘干，至於南昌。由南昌，經過瑞州（高安）、上高、萬載，逾江西省界，入湖南之瀏陽，遂至長沙。由長沙經寧鄉、安化，以至辰州，與廣州—重慶甲綫及沙市—興義綫會合。長約八百五十英里。

（洪）廈門—建昌綫 此綫自廈門新港起，至長泰，泝九龍江而上，至漳平、寧洋、清流，及建寧縣。自建寧以後，過省界，至江西之建昌，與東方大港—廣州綫、福州—武昌綫、建昌—沅州綫相會。此綫長約二百五十英里。

（荒）廈門—廣州綫 此綫自廈門新港起，進至漳州、南靖、下洋，於此出福建界，至廣東之大埔。由大埔過松口、嘉應、興寧、五華。於五華，過韓江及東江之分水界，至龍川，乃遵東江而下，至河源。又過一分水界，至於龍門增城，以至廣州。長約四百英里。

（日）**汕頭—常德綫**　此綫自汕頭起，進至潮州、嘉應，出廣東界，至江西之長寧（尋鄔）。自長寧越分水界，入貢江谷地，循之以下至於會昌、贛州。由贛州以至龍泉（遂川）、永寧（寧岡）、蓮花。在蓮花，逾江西界，入湖南，於是進至株州，及長沙。由長沙經過寧鄉、益陽，終於常德，與東方大港—重慶綫及沙市—興義綫相會。此綫長約六百五十英里。

（月）**南京—韶州綫**　此線自南京起，循揚子江右岸而上，至於太平、蕪湖、銅陵、池州、東流。東流以後，出安徽界，入江西於彭澤，遂至湖口。在湖口與東方大港—重慶綫會，即用該綫之橋，以至鄱陽港。於是沿鄱陽湖之西岸，經過南康（星子）、吳城，以至南昌，與溫州—辰州綫及福州—武昌綫會於南昌。由南昌泝贛江谷地而上，由臨江（江渡）至吉安，與建昌—沅州之計畫綫，交於吉安。由吉安至於贛州，復與福州—桂林綫交焉，於是進向南康縣，及南安。南安以後，過大庾嶺分界處，入廣東於南雄，於是經始興至韶州，與粵漢綫會。此綫長約八百英里。

（盈）**南京—嘉興綫**　此綫自南京起，進至溧水、高淳，於是出江蘇界，經開化、常山，及江山。出浙江界，入福建於浦城。自浦城由建寧（建甌）以至廷平，與福州—武昌綫交。更過沙縣、永安，以至寧洋，與福州—桂林綫及廈門—建昌線會。自寧洋復進至龍巖、永定，至松口，與廈門—廣州綫合，迄嘉應而止。所經之路，約七百五十英里。

（昃）**東方、南方兩大港間海岸綫**　此綫自南方大港廣州起，與廣九鐵路，採同一方向行，至石龍，乃自擇路綫。取東江沿岸一路，以至惠州。由惠州經三多祝、海豐、陸豐，轉東北行，至揭陽，及潮州。潮州以後，經饒平，出廣東界，入福建於詔安。自詔安經雲霄、漳浦、漳州以及廈門。由廈門歷泉州、興化而至福州省城。自福州以後，用與福州—鎮江綫同一之方向，抵福安，乃轉而東。至福宁，又轉而北，至福鼎。過福鼎後，出福建界，入浙江界，经平陽至溫州。於溫州渡甌江，進至樂清、黃巖、台州，又進歷寧海，至於寧波，以為終點，卽用杭甬鐵路，經杭州，以與東方大港相接。此綫自廣州至寧波，長約一千一百英里。

**（辰）建昌—沅州綫** 此綫自建昌起，行經宜黃、樂安、永豐、吉水，以至吉安，卽於該地與南京—韶州綫相交。由吉安進而及永新、蓮花，與汕頭—常德綫會，於是出江西界，入湖南於茶陵。乃經安仁，至衡州，遇粵漢綫於是。由衡州更進至寶慶，則與廣州—重慶甲綫交焉。由是西行至於終點之沅州（芷江），與沙市—興義綫相遇。此綫長約五百五十英里。

按東南鐵路系統各綫，全長統約九千英里。

# 第三部　東北鐵路系統

此系統包括滿州之全部與蒙古及直隸省之各一部分，占有面積約五十萬英方里，人口約二千五百萬。其地域三面為山所圍繞，獨於南部則開放，直達至遼東海灣。在此三山脈之中，低落成為一廣浩肥美之平原，並為三河流所貫注，嫩江位於北，松花江位於東北，遼河位於南。北之境界，中國前時視之等於荒漠，但自中東鐵路成立後，始知其為中國最肥沃之地。此地能以其所產大豆，供給日本全國與中國一部分，為食料之用。此種大豆，為奇美物品，在植物中，含有最富蛋白質之物，早為中國人所發明，經用以代肉品，不下數千年。由此種大豆，可以提出一種豆漿，其質等於牛奶，復由此種豆奶，制成各種食品。此種食品，為近代化學家所證明，其含肉質，比肉類尤為豐富，而中國人與日本人用之以當肉與奶用者，已不知始自何時矣。近來歐美各國政府之糧食管理官，對於此項用以代肉之物品，甚為注意，所以此種大豆之輸出於歐美者，亦日見增加。由此觀之，滿洲平原，確可稱為世界供給大豆之產地。除此大豆以外，此平原並產各稱穀類極多，就麥一類言之，以足供西伯利亞東部需用。至於滿洲之山嶺，森林、礦產素稱最富，金礦之發現於各地者，亦稱最旺。

敷設鐵路於此境域，經已證明其為最有利益之事業。現已成立之鐵路，貫通於此富饒區域者，已有三幹綫，如京奉綫為在中國之最旺鐵路，日本之南滿鐵路亦為獲利最厚路綫，中東鐵路又為西伯利亞系統之最旺部分。除此以外，尚有數綫，為日本人所計畫經營。如欲依次發展此富庶區域，即應敷設一網式鐵路，乃足敷用也。

在未論及此網式鐵路之各支綫以前，吾意以為當先設立一鐵路中區，猶蜘蛛巢之於蜘蛛網也，吾且名此鐵路中區曰"東鎮"。此東鎮當設立於嫩江與松花江合流處之西南，約距哈爾濱之西南偏一百英里，將來必成為一最有利益之位置。此種新鎮不獨可為鐵路系統之中心，至當遼河、松花江間之運河成立後，且可成為水陸交通之要地。

既以此計畫之新市鎮東鎮為中區，吾擬建築如下之各綫。

（天）　　東鎮—葫蘆島綫；

（地）　　東鎮—北方大港綫；

（玄）　東鎮—多倫綫；

（黃）　東鎮—克魯倫綫；

（宇）　東鎮—漠河綫；

（宙）　東鎮—科爾芬綫；

（洪）　東鎮—饒河綫；

（荒）　東鎮—延吉綫；

（日）　東鎮—長白綫；

（月）　葫蘆島—熱河—北京綫；

（盈）　葫蘆島—克魯倫綫；

（昃）　葫蘆島—呼倫綫；

（辰）　葫蘆島—安東綫；

（宿）　漠河—綏遠綫；

（列）　呼瑪—室葦綫；

（張）　烏蘇里—圖門—鴨綠沿海綫；

（寒）　臨江—多倫綫；

（來）　節克多博—依蘭綫；

（暑）　依蘭—吉林綫；

（往）　吉林—多倫綫。

（天）東鎮—葫蘆島綫　此是由計畫中之滿洲鐵路中區分出之第一綫，比較其他直達遼東、直隸半島之不冰口岸之二綫為短。路綫與南滿鐵路平行，在兩綫之北部末尾，相距約八十英里。依據與俄前政府所訂原約，不能在南滿鐵路百里以內，建築並行路綫，但當施行國際發展計畫，為共同利益起見，此等約束，必须廢除。此綫起自東鎮，向南延進，經過滿洲大平原，由長嶺、雙山、遼源、康平，而至新民，成為一直綫，約有二百七十英里之長。過新民後，即與京奉鐵路合軌，約行一百四十英里之長，卽至葫蘆島。

（地）**東鎮—北方大港綫**　此是由鐵路中區直達不冰之深水港之第二綫，起自東鎮，向西南方延進，經過廣安於東鎮與西遼河間之中道。在未到西遼河以前，先須經過無數小村落；當經過遼河之後，卽進入熱河區域之多山境界。經過一谷地，至阜新縣城，□經過分水界，進入大凌河谷地。當經過大凌河谷地之後，此綫卽由此河之支流，再經一分水界，而入於灤河谷地，然後通過萬里長城，取道永平與樂亭，而至北方大港。此綫共長約五百五十英里，前半截所經過者是平地，後半截所經過者是山區。

（玄）**東鎮—多倫綫**　此是由鐵路中區分出之第三綫，向西方直走，經過平原，至洮南，由此橫過日本之計畫璦琿—熱河綫，並與長春—洮南及鄭家屯—洮南兩計畫路綫之終點相合。經過洮南後，此綫卽沿大興安嶺山脈東南方之山腳，轉向南走，在此一帶山脈，發見最富盛之森林與富饒之礦產，然後經過上遼河谷地。此谷地，卽由在北之大興安嶺與在南之熱河山所成。再通過林西與經棚等市鎮，至多倫，於是由此處與西北鐵路系統之幹綫相合。此綫約有四百八十英里，大半皆在平地。

（黃）**東鎮—克魯倫綫**　此由東鎮鐵路中區分出之第四綫，向西北方走，幾與中東路之哈爾濱—滿洲里綫平行，兩綫相隔之距離，由一百英里至一百三十英里不等。此綫由嫩江與松花江合流處之東鎮北部起，復向西渡嫩江，至大賚，轉西北向，橫過平原，進入奎勒河之北支流谷地。當進入此谷地後，卽沿此河流直上至河源處，然後橫過大興安嶺分水界，進入蒙古平原。於是從哈爾哈河之右岸，至貝爾池北之末端，由彼處轉向西走，至克魯倫河，卽循克魯倫河南岸至克魯倫。此綫約共長六百三十英里。

（宇）東鎮—漠河綫　此是由鐵路中區發出之第五綫，起自嫩江與松花江合流處之北部，向西北行，橫過滿洲平原之北端，至齊齊哈爾。在齊齊哈爾，與計畫之錦璦綫相會，同向西北方，沿嫩江左岸，走至嫩江，而後彼此分路。於是再向西北走，進入嫩江上流谷地，至發源處。再橫過大興安嶺山脈之北部末尾處，至漠河，在漠河與多倫—漠河綫之末站相會。此綫約長六百英里。全綫首之四分一，行經平原；其次之四分一，沿嫩江下流走；第三之四分一，行經上流谷地；第四之四分一，截經山嶺，是為金鑛產地，但天然險阻，亦意中事也。

（宙）東鎮—科爾芬綫　此是由鐵路中區分出之第六綫，起自嫩江與松花江合流處之北邊，向平原前行，經肇東、青岡等城鎮。到青岡後，渡通肯河，至海倫，然後上通肯河谷地，橫過小興安嶺分水界，由此即向下進入科爾芬谷地。經車陸前行，至科爾芬，即黑龍江之右岸也。此綫共長約三百五十英里，三分二為平地，三分一為山地。此為由東鎮至黑龍江之最短綫，黑龍江之對岸，即俄境也。

（洪）東鎮—饒河綫　此是由鐵路中區分出之第七綫，起自嫩江、松花江合流處之北邊，經肇州，繞松花江左岸，行經平原，而再橫過中東鐵路，渡呼蘭河而至呼蘭。過呼蘭後，向巴彥木蘭通河等地方前進，再渡松花江，至三姓，即今名依蘭地方也。於是向前進入倭肯河谷地，過分水界，經七星碴子與大鍋蓋等地方，進入饒河谷地。於是沿此河邊，經過無數村落市鎮，始至饒河縣，以饒河與烏蘇里江合流處為終點。此線之距離，約有五百英里，所經之處，皆為肥美土地。

（荒）東鎮—延吉綫　此是由鐵路中區分出之第八綫，起嫩江、松花江會流處之東邊，循松花江右岸，向東南方前行，至扶餘（又名伯都訥)，並經過此江邊之鎮甚多。至橫過哈爾濱—大連鐵路後，卽轉向東北行，至榆樹與五常等地方。到五常後，此綫轉偏南行，向豐德棧前進，而後依同一方向至額穆。於是由額穆渡牡丹江，然後向涼水泉與石頭河前行。至此卽與日本會寧—吉林綫合軌，直達於延吉。此綫約共長三百三十英里，經過各農產與鑛產極豐富之地方。

（日）**東鎮—長白綫**　此是由鐵路中區分出之第九綫，起自嫩江、松花江相會處之南部，向東南方走，橫過平原，至農安。渡伊通河，相繼向同一方向進行，經過此河之各支流，至九台站。復由此與長春—吉林綫合軌，直行至吉林。迨至吉林後，則由其本路循松花江右岸，向東南行，至拉法河合流處，卽沿松花江河岸，轉南行，至樺甸。卽再由此泝流而上，至頭道溝，直達撫松。卽轉東南行，進入松香河谷地，再泝流前行。經長白山分水界，遶天池湖邊南部，然後轉南向，循靉江，至長白，卽近高麗邊界地方也。此綫之距離約共三百三十英里，最後之一部分當經過長白分水界時，須歷許多困難、崎嶇之地。

（月）**葫蘆島—熱河—北京綫**　由此吾將從而另為計畫東北鐵路系統之一新組，此組以遼東半島之不冰口岸葫蘆島為總站。此第一綫，起自葫蘆島，向西方走進沙河谷地，至新台邊門。於是行過海亭、蟒牛營子、三十家子之多山境界，至平泉，復依同一方向，直達熱河（又名承德）。到熱河後，由舊官路至灤平，然後轉西南向至古北口。通過萬里長城，由彼處循通路，經密雲與順義，至北京。此綫之距離，約有二百七十英里。

（盈）**葫蘆島—克魯倫綫**　此是由葫蘆島分出之第二綫。起自葫蘆島口岸，向北直走，經建平與赤峯，行過熱河之多山地域後，此綫循通道而行，過遼河谷地上部，至間場、西圖、大金溝與林西等地方。到林西，卽進至陸家窩谷地，卽由甘珠廟右府迹，經過大興安嶺極南之分水界，然後再進至巴原布拉克、烏尼克特及歡布庫列，由此卽與多倫—克魯倫綫合軌，直達克魯倫。此綫以達至歡布庫列計之，約長四百五十英里，經過豐富之鑛產、森林、農業等地方。

**（戾）葫蘆島—呼倫綫**　此是由葫蘆島分出之第三綫。取道錦州，循大凌河右邊，直走至義州。由此渡大凌河，至清河邊門與阜新。到阜新後，此綫卽向北直行，至綏東。由此渡西遼河，至開魯，再由大魚湖與小焦湖之間，直達合板與突泉。然後橫過大興安嶺，進入阿滿谷地，沿河流直達呼倫。此綫長約六百英里，所經過地方，皆富於鑛產與農業，並有未開發之森林。

**（辰）葫蘆島—安東綫**　此第四綫，自葫蘆島起，向東北方走，循計畫中之遼河葫蘆島運河邊直上，而後轉東南行，至牛莊與海域。由此再轉東南行，至析木城，於是與安東—奉天綫合軌，直達近高麗境界之安東。此綫約長二百二十英里。此綫與葫蘆島—熱河—北京綫連合，則成為一由安東以外之高麗，至北京最直捷之綫矣。

**（宿）漠河—綏遠綫**　此是別一組鐵路系統中之第一綫，吾且進而論之。此等為環形綫，以東鎮中區為軸，成二半圓形，一內一外。本漠河—綏遠綫，起自漠河，沿黑龍江邊，前進於烏蘇里、額木爾蘋果、奎庫堪、安羅、倭西們等地，過彼處後，此後轉折南流。故此綫亦循之，至安幹、察哈顏、望安達、呼瑪等處。於是再由呼瑪前行，於錫爾根奇、奇拉、滿洲屯、黑河、璦琿，在璦琿乃與錦璦綫之終點相會。過璦琿後，此錢卽漸轉而東向，直達霍爾木勒津、奇克勒與科爾芬等處。在科爾芬，與東鎮—科爾芬綫相會，然後由彼處再進於烏雲、佛山與羅北。由羅北直至同江，此卽黑龍江與松花江會流之點也。此綫卽由此處渡松花江，抵同江，再由此向街津口、額圖前行，至綏遠，卽黑龍江與烏蘇里河之合流處也。此綫長約有九百英里，至所經之地方，皆係金鑛產地。

（列）**呼瑪—室葦綫**　此本是漠河—綏遠綫之支綫，起自呼瑪，循庫瑪爾河，經過大砬子與瓦巴拉溝等金鑛。然後泝庫瑪爾而上，向西行，又西南偏，至此河之北源。遂由彼處過分水界，進入哈拉爾谷地，於是由此谷地上達室葦。此綫約長三百二十二里，經過極豐富之金鑛地方。

（張）**烏蘇里—圖門—鴨綠沿海綫**　此是外半圓形之第二綫，由綏遠起，與第一綫相續。沿烏蘇里江前行，經過高蘭、富有、民康等處，至饒河，於是此綫與東鎮—饒河綫之末站相會。由饒河起南行，則與在烏蘇里江東邊之俄烏鐵路，成平行綫，直達虎林而止。到虎林後，卽離俄羅斯綫，轉向西方，循穆陵河，至興凱湖西北角之密山縣。由此再至平安鎮，轉南向，循國界，在小綏芬車站橫過哈爾濱—海參威線，直至東寧。到東寧後，相繼南向，循國界而行，至五道溝與四道溝間之終點，然後轉而西行，至琿春。再西北走，至延吉，於是與日本之會寧—吉林綫相會。由延吉循日本綫，至和龍。離日本綫，由圖門江左岸，向西南走，經過分水界，進入鴨綠谷地，卽在此處與東鎮—長白綫相會。過長白後，卽轉西向，又西北偏，沿鴨綠江右岸，至臨江。彼時又復西南偏，仍沿鴨綠江右岸前行，至輯安縣。再相繼依同一方向，沿鴨綠江右岸，直達安東，由此卽與安東—奉天鐵路相會。過安東後，向鴨綠江口之大東溝前走，循此海岸綫，至大孤山與莊河等處，然後轉而西向，經平西、屯房店，至吳家屯，與南滿鐵路相會。此綫之距離約有一千一百英里，自頭至尾，皆依滿洲東南之國界而行也。

（寒）**臨江─多倫綫** 此是東鎮鐵路中區外半圓之第三綫，與在中區南部分出之支綫相接。此綫起自臨江，卽鴨綠江之西南轉彎處也，由此處向多山地域前進，經過迪化、興京與撫順等地方，至奉天。橫過南滿鐵路，於是此綫由奉天與京奉綫合軌，直達新民。由此橫過東鎮─葫蘆島綫，轉向西北走，經過新立屯至阜新。過阜新後，此綫進入遼河谷地上部之山地，直向亦峯前行，經過無數小村落與帳幕地，皆大牧場也。此綫由赤峯再前行，經三座店、公主陵、大輦子等處，通過銀河谷地，至發木谷，然後循吐根河，至多倫諾爾。此綫約長五百英里。

（來）**節克多博─依蘭綫** 此綫內半圓形之第一綫，與東鎮鐵路中區東北方所分出之各支綫相連。起自黑龍江上遊之節克多博，向東前行，又東南偏，經過大興安嶺山脈之谷地、山地數處，卽至嫩江。過嫩江後，漸轉南向，至克山。由彼處再至海倫，然後渡松花江至三姓（卽依蘭也）。此綫長約七百英里，經過農業與金礦地方。

（暑）**依蘭─吉林綫** 此是內半圓之第二綫，起自依蘭，向西南方，沿牡丹江右岸前行，經過頭站、二站、三站、四站，至城子，卽由此處橫過哈爾濱─海參威綫。於是由牡丹江右岸渡至左岸，直往寧古塔。過寧古塔後，復向西方前行，經過甕城、藍旗站、搭拉站與鳳凰店，至額穆，於此與日本之會寧─吉林綫相合，向西前行，至吉林。此綫所行之長度，約二百英里，經過牡丹江之肥美谷地。

（往）**吉林─多倫綫** 此是在東鎮鐵路系統中內半圓形之第三綫。起自吉林，循舊通路西行，至長春，與中東鐵路北來綫及日本南滿鐵路南來綫之兩末站相會。過長春後，卽橫過平原至雙山，又與東鎮─葫蘆島及日本之四平街─鄭家屯─洮南綫相會。再由雙山渡遼河，至遼源，復由彼處行經一大平原，經過東鎮─北方大港綫，直達綏東，與葫蘆島—呼倫綫相會。過綏東後，循遼河谷地上行，先橫過葫蘆島—克魯倫綫，然後過分水界，至多倫，此為終站。此綫所經之遠度，約有五百英里。

由以上此舉，方能完成吾計畫中東北鐵路之蜘蛛網系統。就全系統路綫之長言之，其總數約有九千英里。

# 第四部　西北鐵路系統

吾人所計畫之西北鐵路系統，由北方大港起，經灤河谷地以達多倫諾爾，凡三百咪。經始之初，卽築雙軌，以海港為出發點，以多倫諾爾為門戶，以吸收廣漠平原之物產，而由多倫諾爾進展於西北。第一綫向北偏東北走，與興安嶺山脈平行，經海拉爾以赴漠河。漠河者，產金區域，而黑龍江右岸地也，計其延長約八百咪。第二綫向北偏西北走，經克魯倫以達中俄邊境，以與赤塔城附近之西北利亞鐵路相接，長約六百咪。第三綫以一幹綫向西北，轉正西又轉西南，沿沙漠北境以至國境西端之迪化城，長約一千六百咪；地皆平坦，無崇山峻嶺。第四綫由迪化迤西以達伊犁，約四百咪。第五綫由迪化東南超出天山山峽，以入戈壁邊境。轉而西南走，經天山以南沼池與沙漠北邊一帶腴沃之地域，以至喀什噶爾。由是更轉而東南走，經帕米爾高原以東、崑崙以北與沙漠南邊之一帶沃土，以至於闐，卽克里雅河岸。延長約一千二百咪，地亦平坦。第六綫於多倫諾爾—迪化幹綫間，開一支綫，由甲接合點出發，經庫倫以至恰克圖，約長三百五十咪。第七綫由幹綫乙接合點出發，經烏里雅蘇台後，北偏西北走以至邊境，約六百咪。第八綫由幹綫丙接合點出發，西北走，達邊境，約四百咪。

茲所計畫之鐵路，證以"抵抗至少"之原則，寔為最與理想相符合者。蓋以七千餘咪之路綫，為吾人計畫所定者，皆在坦途，例如多倫諾爾至喀什噶爾之間，且由斯更進之路綫，延袤三十餘咪，所經均肥沃之平野，並無高山大河自然之梗阻、橫貫其中也。

以"地位適宜"之原則言之，則此種鐵路，寔居支配世界的重要位置，蓋將為歐亞鐵路系統之主幹，而亞歐兩陸人口之中心，因以聯結。由太平洋岸前往歐洲者，以經此路線為最近。而由伊犁發出之支綫，將與未來之印度—歐洲綫路，卽行經伯達以通達馬斯加斯及海樓府者，聯絡成一連鎖。將來由吾人所計畫之港，可以直達好望角城。綜觀現在鐵路，於世界位置上，無較此重要者矣。

以"國民需要"之原則言之，此為第一需要之鐵路。蓋所經地方，較諸本部十八行省，尤為廣闊，現以交通運輸機關闕乏之故，豐富地域，委為荒壤；而沿海沿江煙戶稠密之省分，麕聚之貧民，無所操作，其棄自然之惠澤，而耗人力於無為者，渠何如乎？儻有鐵路與此等地方相通，則稠密省區無業之遊民，可資以開發此等富足之地。此不僅有利於中國，且有以利世界商業於無窮也。故中國西北部之鐵路系統，由政治上、經濟上言之，皆於中國今日為必要而刻不容緩者也！

吾人所以置"必選有利之途"之第一原則，而未涉及者，非遺棄之也，蓋將詳為論列，使讀者三致意焉耳。今夫鐵路之設，間於人口繁盛之區者其利大，間於民居疏散之地者其利微，此為普通資本家、鐵路家所恒信。今以綫路橫亙於荒僻無人之境，如吾人所計畫者，必將久延歲月，而後有利可圖。北美合眾國政府於五十年前，所以給與無垠之土地於鐵路公司，誘其建築橫跨大陸幹路，以達太平洋岸者，職是之故。予每與外國鐵路家、資本家，言興建蒙古—
新疆鐵路，彼輩恒有不願。彼將以為茲路之設，所過皆人迹稀罕，
祇基於政治上、軍事上理由，有如西伯利亞鐵路之例，而不知鐵路
之所布置，由人口至多以達人口至少之地者，其利較兩端皆人口至
多為大。此種事實，蓋為彼輩所未曾聞，請詳言其理。夫鐵路兩端
人口至多之所，彼此經濟狀況，大相彷彿，不如一方人口至多，他
方人口至少者，彼此相差之遠。在兩端皆人口至多者，舍特種物產，
此方仰賴彼方之供給而外，兩處居民大都生活於自足經濟情況之中，
而彼此之需要供給不大，貿遷交易不能得鉅利；至於一方人口多，
而他方人口少者，彼此經濟情況，大相徑庭，新開土地從事勞動之
人民，除富有糧食及原料品，以待人口多處之所需求而外，一切貨
物皆賴他方之繁盛區域供給，以故兩方貿易，必臻鼎盛。不特此也，
築於兩端皆人口至多之鐵路，對於多數人民，無大影響，所受益者，
惟少數富戶及商人而已。其在一方人口多而他方人口少者，每築鐵
路一咪，開始輸運，人口多處之眾，必隨之而合羣移住於新地，是
則此路建築之始，將充其量以載行客；京奉、京漢兩路比較，其明
證也。

　　京漢路綫之延長，八百有餘咪，由北京直達中國商業聚中之腹
地；鐵路兩端之所包括，皆戶集人稠之所。京奉路綫長僅六百咪耳，
然由人口多處之京津，開赴人口少處之滿洲。前者雖有收益，則不
若後者所得之大。以較短之京奉綫，方諸較長之京漢綫，每年純利
所贏，其超過之數，有至三四百萬者矣。

　　故自理則上言之，從利益之點觀察，人口眾多處之鐵路，遠勝
於人口稀少者之鐵路。然由人口眾多處築至人口稀少處之鐵路，其
利尤大。此為鐵路經濟上之法則，而鐵路家、資本家所未嘗發明

者也。

據此鐵路經濟上之新法則，而斷吾人所計畫之鐵路，斯為有利中之最有利者。蓋一方聯接吾人所計畫之港，以通吾國沿海沿江戶口至多省分；又以現存之京漢、津浦兩路，為此港暨多倫諾爾路綫之給養。他方聯接大逾中國本部之饒富未開之地，世界他處欲求似此廣漠腴沃之地，而鄰近於四萬萬人口之中心者，真不可得矣。

# 第五部　擴張西北鐵路系統

西北鐵路系統，包有蒙古、新疆與甘肅一部分之地域，面積約有一百七十萬英方里，此幅土地，大於阿根廷共和國約六十萬英方里。阿根廷為供給世界肉類之最大出產地，而蒙古牧場尚未開發，以運輸之不便利也。以阿根廷既可代美國而以肉類供給世界，如蒙古地方，能得鐵路便利，又能以科學之方法，改良畜牧，將來必可取阿根廷之地位而代之。此所以在此最大食物之生產地方，建築鐵路，為最要之圖，亦可以救濟世界食物之竭乏也。在國際共同發展中國寔業之第一計畫中，吾曾提議，須敷設七千英里鐵路於此境域，以為建築北方大港之目的。而復可以將中國東南部過密之人民，逐漸遷移，但此七千英里之鐵路，不過為一開拓者。如欲從實際上發展此豐富之境域，鐵路必須增築。故在此擴張西北鐵路系統之計畫中，吾提議建築下列之各綫。

（天）　多倫—恰克圖綫；

（地）　張家口—庫倫—烏梁海綫；

（玄）　綏遠—烏里雅蘇台—科布多綫；

（黃）　靖邊—烏梁海綫；

（宇）　肅州—科布多綫；

（宙）　西北邊界綫；

（洪）　通化—烏蘭固穆綫；

（荒）　戞什溫—烏梁海綫；

（日）　烏里雅蘇台—恰克圖綫；

（月）　鎮西—庫倫綫；

（盈）　肅州—庫倫綫；

（昃）　沙漠聯站—克魯倫綫；

（辰）　格合—克魯倫—節克多博綫；

（宿）　五原—洮南綫；

（列）　五原—多倫綫；

（張）　焉耆—伊犂綫；

（寒）　伊犂—和闐綫；

（來）　鎮西—喀什噶爾綫。

**（天）多倫—恰克圖綫**　此綫起自多倫，向西北方前行，循驛路，橫過大牧場，至喀特爾呼、闊多、蘇疊圖等處。過蘇疊圖後，此綫卽橫過界綫，至外蒙古。依同一路綫，至霍申屯、魯庫車魯、楊圖等地方。由彼處渡克魯倫河，至額都根、霍勒闊，進入山地，於是卽橫過克魯倫河分水界與赤奎河分水界。克魯倫分水界之水則流入黑龍江而至太平洋，赤奎河分水界之水則流入貝加爾湖，再由彼處至北冰洋。過赤奎河分水界後，此路卽循赤奎河之支派，至恰克圖。其綫長約八百英里。

**（地）張家口—庫倫—烏梁海綫**　此綫起自萬里長城之張家口，向西北前進高原，橫過山脈，進入蒙古大草場，走向明安、博羅里治、烏得與格合，卽橫過多倫—迪化幹綫。過格合後，此綫前行，經過穆布倫之廣大肥沃牧場，然後依直綫再前行，經穆克圖、那賴哈、庫倫。由庫倫，此綫卽進入山地，橫過色楞格谷地，至一地點，在庫蘇古爾泊南部末端之對面。然後再轉北向，橫過山脈，從庫蘇古爾之南岸，至哈特呼爾。過哈特呼爾後，此綫遶庫蘇古爾泊邊走，約一短距離，卽再轉西北向。又西偏，循烏魯克穆河岸，至近國界之出口點，復轉西南向，直上克穆赤克谷地，至其發源處。通過巴闊窟，直達中俄國境交界處而止。此綫之距離，約有一千七百英里。

（玄）**綏遠—烏里雅蘇臺—科布多綫**　此綫起自綏遠近於山西省之西北角地，向西北方前進，經過山地，進入蒙古牧場託里布拉克，於是橫過北方大港—哈密綫與北方大港—庫倫綫。過託里布拉克後，此綫由同一方向，依直綫前行，通過匣們蘇治，至土謝圖省會。由彼處仍依直綫，向西北走，至霍勒特，再循商路，至郭里得果勒。此綫卽轉西向，再西北向前行，通過河流谷地數處與小市鎮，卽至烏里雅蘇台，於是在烏里雅穌台橫過北方大港與烏魯木齊綫之第二聯站邊界支綫。過烏里雅蘇台後，此綫卽依商路，向西方前進，通過呼都克卒爾、巴爾淖爾與匣哈布魯等處，至科布多。彼時此綫轉西北向，至歡戞喀圖與列蓋等處，卽復西走至別留，以國界為終點。此綫約長一千五百英里。

（黃）**靖邊—烏梁海綫**　此綫起自靖邊，卽在陝西北界與萬里長城相接地方也。此綫向鄂爾多斯鄉落前行，經波羅、波勒格孫、鄂託、臣濁等處，然後過黃河，至三道河。由三道河再前行，過哈那那林烏拉嶺，卽進入在西北方之蒙古大草場，直至古爾斑昔哈特，在此卽經過北京—哈密綫。然後至烏尼格圖、恩京，由恩京卽經西北方大港—烏魯木齊綫。過恩京後，此綫進入谷地與分水界地，向北前行，至西庫倫。於是再轉西北行，經過色楞格河流域之各支流與谷地，卽抵沙布克台與廳里廟等處。至廳里廟後，再向同一方向前行，渡色楞格河，沿其支流帖里吉爾穆連河，至發源處。經過流入帖里淖爾湖之分水界，然後沿此湖之出口，至烏魯克穆河，卽與張家口—庫倫—烏梁海綫相合，此卽終點也。此綫之長，約有一千二百英里。

（宇）**肅州—科布多綫**　此綫起自肅州，向西北方走，在尖牛貫通萬里長城，向煤礦地方前行，卽離肅州二百五十里地方也。由彼處卽往哈營爾罕布魯克與伊哈託里。離伊哈託里不遠，此綫卽經過北京—哈密綫，然後前行至伯勒臺。過此處後，經過一小塊沙漠，卽至底門赤魯。當進此多山與下隰之鄉落，再前行至戞什溫，卽橫過北方大港—烏魯木齊幹綫。過戞什溫，向倭倫呼都克、塔巴騰與塔普圖，卽由塔普圖與古城科布多通道相合。於是循此路經伯多淲臺、蘇吉臺前行，至科布多，卽此綫之末站。約共長七百英里。

（宙）**西北邊界綫**　此綫起自伊犁，循烏魯木齊—伊犁綫至三台，卽賽里木湖之東邊也。此綫由此處向東北前行，沿艾比湖西方，至土斯賽。過土斯賽後，向託里前行，橫過中央幹綫，卽北方大港—塔城綫也，由彼處此綫卽往納木果臺與斯託羅蓋臺。經過最大之森林與最富之煤鑛地方，再由斯託羅蓋臺，依通道前行，至承化寺，是卽阿爾泰省之省會。於是由彼處橫過山脈，經烏爾霍蓋圖山口，入至科布多谷地。循科布多河河源至別留，由此與綏遠—科布多綫，直達烏列蓋。由烏列蓋依其本路，取道烏松闊勒與島蘭固穆，行至塔布圖，於是與他綫再合。同行至在唐努烏梁海境內之烏魯克穆河，然後轉東向沿河流而上，至別開穆與烏魯河之合流處。卽再前行，沿前河流，依東北方泝源直上至境界，是為終點。此綫所經之距離，約九百英里。

（洪）迪化（又名烏魯木齊）—烏蘭固穆綫　此綫起自迪化，依多倫—迪化幹綫至阜康，然後循其本路，向北前進，經自闊川至霍爾楚臺。由此轉東北走，經過山地，至開車，然後至土爾扈特，於是構過北方大港—烏魯木齊線之支綫第三交點。過土爾扈特後，轉北行，經巴戛寧格力谷地，至新和碩特。然後過帖列克特山口，由彼處即轉東北向前行。經過一新耕種地方，即至科布多，再前行。經過一肥沃草場，渡數河流，沿經數湖，即至烏蘭固穆，在此即與西北邊界綫相會。此綫長約五百五十英里。

（荒）戛什溫—烏梁海綫　此綫起自戛什溫，向東北前行，橫過多山與隰地境界，經哈同呼圖克與達蘭趣律、博爾努魯。過博爾努魯後，此綫通過匝盆谷地，經呼志爾圖與博爾霍，至烏里雅蘇台，在此與綏遠—科布多綫及北方大港—烏里雅蘇台綫相會。於是此綫向北方前行，於一新境地，先經過色楞格河之正源，然後經過帖斯河之正源。當在帖斯河谷地中，此綫經過一極大未闢之森林。過此森林後，即向西北走，經過分水界，進入在唐努烏梁海地方之烏魯克穆谷地，與西北邊界綫相會，是為末站。此綫共長六百五十英里。

（日）烏里雅蘇台—恰克圖綫　此綫起自烏里雅蘇台，依戛什溫—烏梁海綫前行，至色楞格河支流之鄂疊爾河止，然後轉而東向。由其本綫，循鄂疊爾河流域前行而下，橫過靖邊—烏梁海綫，至鄂疊爾河與色楞格河合流處而止，於是與張家口—庫倫—烏梁海綫合軌。向東方前行頗遠，待至彼綫轉東南向而止。當此綫轉東北向時，即循色楞格河，下至恰克圖。此綫包有之距離，約五百五十英里，經過一肥美谷地。

（月）鎮西—庫倫綫　此綫起自鎮西，向東北前行，橫過一種植地域，道經圖塔古，至烏爾格科特。於是由烏爾格科特行，過肅州—科布多綫，然後行經戈壁沙漠北邊之大草場，至蘇治與達蘭圖魯。由彼處再向北走，橫過北方大港—烏里雅蘇台與多倫諾爾—烏里雅蘇台綫，至塔順呼圖克。過此處後，此綫卽在鄂羅蓋地方，橫過綏遠—烏里雅蘇台綫，前行過分水界，進入色楞格河谷地。於是在沙布克臺，行過靖邊—烏梁海綫，從此卽轉東向，經過一多山水之境域，至庫倫。此綫所經之距離，約八百英里。

（盈）**肅州—庫倫綫**　此綫起自肅州，前行經金塔，至毛目，於是隨道河，又名額濟納河而行。此河可以之灌注沙漠中之一地，然後乃沿河流域而至一湖。復由彼處，行經戈壁沙漠，卽與北京—哈密綫及北方大港—烏里雅蘇台綫之相交處相會，成為一共同聯站。過此以後，此綫向沙漠與草場前行，經過別一鐵路交點。此之鐵路交點，卽由綏遠—科布多綫與靖邊—烏梁海綫所成，於是此綫在此處亦成為共同聯站。由彼處前行，至一大草地，經過哈藤與圖克里，至三音達賴，於此卽橫過多倫諾爾—烏魯木齊綫。過三音達賴後，此綫前行，經烏蘭和碩與許多市鎮營寨，卽至庫倫。此綫包有之距離，約七百英里，三分一路經過沙漠，其餘三分之二經過低溼草地。

（戾）**沙漠聯站—克魯倫綫**　此綫起自沙漠聯站，向東方前行，至一大草地，於是在鄂蘭淖爾湖南方，橫過靖邊—烏梁海綫。由彼處前行，至土謝圖汗都會，於此經過綏遠—科布多綫。過土謝圖汗都會後，行經大草場，至第一聯站。由第一聯站，卽前行至烏蘭呼圖過與尖頂車，然後橫過張家口—烏梁海綫，至車臣汗。由車臣汗，此綫向東北，循河流域而下，直達克魯倫城，於此卽橫過多倫—克魯倫綫，並與克魯倫—東鎮綫相會。此綫長約八百英里。

（辰）**格合—克魯倫—節克多博綫**　此綫起自格合，此卽多倫諾爾—烏魯木齊與張家口—庫倫—烏梁二綫之交點。也由彼處向東北前行，經過大草場，至霍申屯，於是橫過多倫—恰克圖綫。過霍申屯後，依同一方向前行，又經過一大草場，至克魯倫，即由此橫過呼倫—克魯倫綫。然後依克魯倫河右岸前行，再渡左岸，經過呼倫池之西北邊。過呼倫池後，此綫橫過中東鐵路。渡額爾古納河，然後沿此河右岸，直達節克多博，於是與多倫諾爾—漠河與節克多博—依蘭二綫相會，此即本綫之末站也。此綫包有之距離，約六百英里，上半截經過旱地，下半截經過溼地。

（宿）**五原—洮南綫**　此綫起自黃河西北邊之五原地方，向東北前行，橫過晒田烏拉山與大草地，即抵託里布拉克，於是與北京—哈密綫、綏遠—科布多綫及北方大港—庫倫綫之三路交點相會。由託里布拉克，此綫再向同一方向前行。經過大草場至格合，在此即與多倫—烏魯木齊與北京—庫倫二綫相會，亦即格合—克魯倫綫之首站也。過格合後，此綫漸轉東向，橫過多倫—恰克圖之中部，至歡布庫里，於是在此橫過多倫—克魯倫與葫蘆島—克魯倫之二綫。由歡布庫里，此綫行經界綫之南，即循之行至達克木蘇馬，於是與多倫—漠河綫相會。由彼處行向東方，橫過興安嶺，至突泉，然後轉東南向至洮南，此即終站也。此綫長約九百英里。

（列）**五原—多倫綫**　此綫起自五原，向東北前行，橫過晒田烏拉嶺，至茂名安旂，即在此經過北方大港—庫倫綫，然後向一大草場前行。經過綏遠—科布多綫，至邦博圖。經過北京—哈密純，過邦博圖後，此綫轉而東向前行。經過張家口—庫倫—烏梁海綫，然後至多倫，與多倫—奉天—臨江綫相合，為終站。此綫由黃河上流谷地，成一直接路綫，至肥美之遼河谷地，包有距離約五百英里。

（張）**焉耆—伊犂綫**　此綫起自焉耆，又名喀喇沙爾，向西北前行，橫過山嶺，進入伊犁谷地。然後循崆古斯河，向西下行，邃極肥美谷地。至伊寧與綏定，卽伊犁城等，此皆在伊犁地方近俄羅斯邊境之主要城鎮也，於是在伊犁與伊犁—烏魯木齊綫相合。此綫長約四百英里。

（寒）**伊犁—和闐綫**　此綫起自伊犁，向南前行，渡伊犁河，然後東向。沿此河左岸而行，初向東南，繼向南行，至博爾台。由此卽轉西南向，進入帖克斯谷地，然後泝帖克斯河而上，至天橋，再上山道。道此山道後，此綫轉東，南向行，邃過一極大煤鑛地方，然後再轉西南，至札木臺，於此卽經過吐魯番—喀什噶爾綫。由札木臺卽轉南向行，過塔里木谷地北邊之最肥美區域，至巴斯團搭格拉克，再向西南行，至和闐。此路經過無數小部落，皆在和闐河之肥沃區域中，此河卽流入沙漠。此綫在和闐與喀什噶爾—于闐綫相會，過和闐後，卽向此城南方上行，至高原以國界為終站。此綫包有距離，約七百英里。

（來）**鎮西—喀什—噶爾綫與其支綫**　此綫起自鎮西，向西南行，循天山草場經延安堡、薛家隴與陶賴子，至七個井。然後循天山森林，經過胡桐窩、西鹽池與阿朗，至鄯善，由此卽經過中央幹綫。過鄯善後，卽循塔里木沙漠北邊而行，經魯克沁與石泉，至河拉，於此橫過且末—庫爾勒綫。由河拉前行，循塔里木河流域，經過無數新村落肥美地方與未開發之森林，卽至巴斯團搭格拉克，在此橫過伊犁—和闐綫。行經巴楚，至喀什噶爾，在此與烏魯木齊—于闐綫相會。過喀什噶爾後，此綫卽向西北前行，至國界，是為終站。至與此綫有連續關係者，約有二支綫：第一支綫，由河拉西南方前行，西經沙漠中沃地數處，至且末；第二支綫，則由巴楚西南方，循葉爾羌河至莎車，然後西南至蒲犁，卽近國界地方也。此綫與其各支綫合計之，約共長一千六百英里。如就此系統全部言之，約共長一萬六千英里。

# 第六部　西南鐵路系統

中國西南一部所包含者：四川，中國本部最大且富之省分也；雲南，次大之省分也；廣西、貴州，皆鑛產最富之地也；而又有廣東、湖南兩省之一部，此區面積有六十萬英方里，人口過一萬萬。除由老街至雲南府，約二百九十英里，法國所經營之窄軌鐵路外，中國廣地眾民之此一部，殆全不與鐵路相接觸也。

於此一地區，大有開發鐵路之機會；應由廣州起，向各重要城市、鑛產地，引鐵路綫，成為扁形之鐵路網，使各與南方大港相聯結。在中國此部建設鐵路者，非特為發展廣州所必要，抑亦於西南各省全部之繁榮，為最有用者也。以建設此項鐵路之故，種種豐富之鑛產，可以開發，而城鎮亦可於沿途建之。其既開之地價尚甚廉，至於未開地及含有鑛產之區，雖非現歸國有，其價之賤，去不費一錢可得者，亦僅一間耳。設若將來市街用地及鑛產地，豫由政府收用，然後開始建築鐵路，則其獲利必極豐厚。然則不論建築鐵路，投資多至若干，可保其償還本息，必充足有餘矣。又況開發廣州以為世界大港，亦全賴此鐵路系統。如使缺此縱橫聯屬西南廣袤大部之鐵路網，則廣州亦不能有如吾人所豫期之發達矣。

西南地方，除廣州及成都兩平原地，各有三四千英方里之面積外，地皆險峻。此諸地者，非山卽谷，其間處處留有多少之隙地。在此區東部山嶽之高，鮮逾三千英尺，至其西部與西藏交界之處，平均高至一萬英尺以上，故建此諸鐵路之工程上困難，比之西北平原鐵路系統，乃至數倍。多數之隧道與鑿山路，須行開鑿，故建築之費，此諸路當為中國各路之冠。

吾提議以廣州為此鐵路系統終點，以建下列之七路。

（甲）　廣州—重慶綫，經由湖南；

（乙）　廣州—重慶綫，經由湖南、貴州；

（丙）　廣州—成都綫，經由桂林、瀘州；

（丁）　廣州—成都綫，經由梧州、敍府；

（戊）　廣州—雲南—大理—騰越綫，至緬甸邊界為止；

（己）　廣州—思茅綫；

（庚）　廣州—欽州綫，至安南界東興鎮為止。

**（甲）廣州—重慶綫，經由湖南**　此綫應由廣州出發，與粵漢綫同方向，直至連江與北江會流之處。自此點起，本路折向連江流域。循連江岸，上至連州以上，於此橫過連江與道江之分水界。進至湖南之道州，於是隨道江以至永州、寶慶、新化、辰州。泝酉水，過川湘之界，入於酉陽，又循烏江流域，至揚子江邊之涪州。循揚子江右岸，上至重慶。此路全長有九百英里，經過富饒之鑛區與農區。在廣東之北，連州地方，已發見豐富之煤鑛、鐵鑛、銻鑛、鎢鑛；於湖南之西南隅，則有錫、銻、煤、鐵、銅、銀；於四川之酉陽，則有銻與水銀。其在沿綫之農產物，則吾可舉沙糖、花生、大麻、桐油、茶葉、棉花、煙葉、生絲、穀物，等等，又復多有竹材、木材及其他一切森林產物。

**（乙）廣州—重慶綫，經由湖南、貴州**　此綫約長八百英里，但自廣州至道州一段，卽走於甲綫之上，凡二百五十英里，計入此綫。所以實際從湖南道州起築，橫過廣西省東北突出一段，於全州，再入湖南西南境。過城步及靖州，於是入貴州界。經三江及清江兩地，橫過山脈，以至鎮遠。此綫由鎮遠須橫過沅江、烏江之分水界，以至遵義。由遵義則循商人通路，直至綦江以達重慶。此鐵路所經，皆為產出木材、礦物極富之區域。

（丙）**廣州—成都綫，經由桂林、瀘州**　此綫長約一千英里，由廣東西行，直至三水。在此處之綏江口地點，渡過北江。循綏江流域，經過四會、廣寧，次於懷集入廣西。經過賀縣及平樂，由此處循桂江水流，上達桂林，於是廣東、廣西兩省省城之間，各煤鐵礦田可得而開鑿矣。自桂林起，路轉而西，至於永寧，又循柳江流域，上至貴州邊界，越界至古州。由古州過都江及八寨，仍循此河谷而上，逾一段連山，至平越。由平越橫渡沅江分水界，於甕安及岳四城，入烏江流域。自岳四城循商人通路，踰雷邊山，至仁懷、赤水、納溪。於是渡揚子江，以至瀘州。自瀘州起，經過隆昌、內江、資州、資陽、簡州，以達成都。此路最後之一段，橫過所謂（四川省之紅盆地）有名富庶之區也。其在桂林、瀘州之間，此路中段，則富於礦產，為將來開發希望最大者。此路將為其兩端人口最密之區，開一土曠人稀之域，以收容之者也。

（丁）**廣州—成都綫，經由梧州與叙府**　此綫長約一千二百英里，自丙綫渡北江之三水鐵路橋之西端起，循西江左岸，入肇慶峽。至肇慶城，即循此岸，上至德慶、梧州、大湟。在大湟，河身轉而走西南，路轉而走西北，至象州。渡柳江，至柳州及慶遠，於是進至思恩。過桂黔邊界，入貴州，至獨山及都勻。自都勻起，此路更折偏西走，至貴州省城之貴陽，次進至黔西及大定。離貴州界於畢節，於鎮雄入雲南界，北轉而至樂新渡。過四川界，入叙府。自叙府起，循岷江而上，至嘉定。渡江，入於成都平原，以至成都。此路起自富庶之區域，迄於富庶之區域，中間經過寬幅之曠土，未經開發，人口極稀之地；沿綫富有煤鐵鑛田，又有銀、錫、銻等貴金屬鑛。

（戊）**廣州—雲南—大理—騰越綫**　此綫長約一千三百英里，起自廣州，迄於雲南緬甸邊界之騰越。其首段三百英里，自廣州至大湟，與丁綫相同。自大湟江口分支，至武宣。循紅水江常道，經遷江及東蘭。於是經興義縣，橫過貴州省之西南隅，入雲南省。至羅平，從陸涼一路，以至雲南省城。自省城經過楚雄，以至大理，於是折而西南，至永昌，遂至騰越，終於緬甸邊界。

在廣西之東蘭，近貴州邊界處，此路應引一支綫，約長四百英里。此綫應循北盤江流域，上至可渡河與威寧，於昭通入雲南。在河口過揚子江，卽於此處入四川，橫截大涼山，至於寧遠。此路所以開昭通、寧遠間有名銅鑛地之障礙。此項銅鑛，為中國全國最豐富之鑛區也。

此路本綫，自東至西，貫通桂、滇兩省，將來在國際上，必見重要。因在此綫緬甸界上，當與緬甸鐵路系統之仰光—八莫一線相接，將來此綫卽自印度至中國最捷之路也。以此路故，此兩人口稠密之大邦，必比現在更為接近。今日由海路，此兩地交通，須數禮拜者，異時由此新路，則數日而足矣。

（己）**廣州—思茅綫**　此綫至緬甸界止，約長一千一百英里。起自廣州市西南隅，經佛山、官山，由太平墟，渡過西江，至對岸之三洲墟，於是進入高明、新興、羅定。既過羅定，入廣西界，至平河，進至容縣，於是西向，渡左江，至於貴縣，卽循左江北岸以達南寧。在南寧應設一支綫，約長一百二十英里，循上左江水路以至龍州，折而南，至鎮南關安南東京界上止，與法國鐵路相接。其本綫向南寧循上右江而上，至於百色，於是過省界，入雲南，至剝隘。
經巴門、高甘、東都、普子塘一路，至阿迷州，截老街—雲南鐵路
而過。自阿迷州進至臨安府、石屏、元江，於是渡過元江，通過他
郎、普洱及思茅，至緬甸邊界近瀾滄江處為止。此綫穿入雲南、廣
西之南部，錫、銀、銻三種礦產最富之地，同時沿綫又有煤鐵礦田
最多，復有多地產出金、銅、水銀、鉛。論其農產，則米與花生，
均極豐饒，加以樟腦、桂油、蔗糖、煙草、各種果類。

（庚）**廣州—欽州綫**　此綫從西江鐵路橋西首起算，約長四百英
里。自廣州起西行，至於太平墟之西江鐵路，與己綫同軌，過江始
分支。向開平、恩平，經陽春，至高州及化州。於化州須引一支綫，
至遂溪、雷州，達於瓊州海峽之海安，約長一百英里。於海安，再
以渡船與瓊島聯絡。其本綫，仍自化州西行，過石城、廉州、欽州，
達於與安南交界之東興鎮為止。東興對面，芒街至海防之間，將來
有法國鐵路，可與相接。此綫全在廣東省之範圍內，經過人口多、
物產富之區域；綫路兩旁，皆有煤鐵礦，並有數處產金及銻，農產
則有蔗糖、生絲、樟腦、苧蔴、靛青、花生及種種果類。

此系統內各綫，如上所述，約六千七百英里，此外須加以聯絡
成都、重慶之兩綫。又須另設一綫，起自乙綫遵義之東，向南行，
至甕安，與丙綫接。又一綫自丙綫之平越起，至丁綫之都勻。又一
綫由丁綫貴州界上一點，經南丹、那地，以至戊綫之東蘭，再經泗
城，以至己綫之百色。此聯絡各綫，全長約六百英里，故總計有七
千三百英里。

此系統將於下文所舉三綫，經濟上大有關係。

一，法國經營之老街—雲南府已成綫及雲南府—重慶計畫綫。
此綫與己綫交於阿迷州，與戊綫交於威寧，與丁綫交於敘府，與丙

綫交於瀘州，而與甲、乙兩綫會於重慶。

二，英國經營之沙市—興義計畫綫。此綫與甲綫交於辰州，與乙綫交於鎮遠，與丙綫交於平越，與丁綫交於貴陽，而與戊綫之支綫，交於永定西方之一點。

三，美國經營之株州—欽州計畫綫。此綫與甲綫交於永州，乙綫交於全州，丙綫交於桂林，丁綫交於柳州，戊綫交於遷江，己綫交於南寧，而與庚綫會於欽州。

以上法、英、美三綫，與本系統各綫一律完成之後，中國西南各省之鐵道交通，可無缺乏矣。以上諸綫，皆經過廣大且長之鑛產地，其地有世界上有用且高價之多種金屬。世界中無有如此地含有豐富之稀有金屬者，如鎢，如錫，如銻，如銀，如金，如白金，等等，同時又有雖甚普通而尤有用之金屬，如銅，如鐵，如鉛，且每一區中，均有豐裕之煤。南方俗語有云，"無煤不立城"，蓋謂豫計城被圍時，能於地中取炭，不事薪采，此可見其隨在有煤產出也。四川省又有石油鑛及自然煤氣（火井），極為豐裕。

是故吾人得知以西南鐵路系統，開發西南山地之鑛產利源，正與以西北鐵路系統，開發蒙古、新疆大平原之農產利源，同其重要。此兩鐵路系統，於中國人民為最必要，而於外國投資者又為最有利之事業也。論兩系統之長短，大略相同，均約七千英里。此西南系統，每英里所費平均須在彼系統兩倍以上，但以其開發鑛產利源之利益言，又視開發農產利源之利益，更多數倍也。

# 第七部　高原鐵路系統

　　此是吾鐵路計畫之最後部分，其工程極為煩難，其費用亦甚巨大，而以之比較其他在中國之一切鐵路事業，其報酬亦為至微，故此鐵路之工程，當他部分鐵路未完全成立後，不能興築；但待他部分鐵路完全成立，然後興築此高原境域之鐵路，卽使其工程浩大，亦當有良好報酬也。

　　此項高原境域，包括西藏、青海、新疆之一部，與甘肅、四川、雲南等地方，面積約一百萬英方里。附近之土地，皆有最富之農產與最美之牧場。但此偉大之境域，外國多有未之知者，而中國人則目西藏為西方寶藏。蓋因除金產豐富外，尚有他種金屬，黃銅尤其特產，故以寶藏之名。加於此世人罕知之境域，洵確當也。當世界貴金屬行將用盡時，吾等可於此廣大之鑛域中求之，故為開鑛而建設鐵路，為必要之圖。吾擬下之各綫。

　　（天）　拉薩—蘭州綫；

　　（地）　拉薩—成都綫；

　　（玄）　拉薩—大理—車里綫；

　　（黃）　拉薩—提郎宗綫；

　　（宇）　拉薩—亞東綫；

　　（宙）　拉薩—來吉雅令及其支綫；

　　（洪）　拉薩—諾和綫；

　　（荒）　拉薩—于闐綫；

　　（日）　蘭州—婼羌綫；

（月）　成都—宗札薩克綫；

（盈）　寧遠—車爾城綫；

（昃）　成都—門公綫；

（辰）　成都—元江綫；

（宿）　叙府—大理綫；

（列）　叙府—孟定綫；

（張）　于闐—噶爾渡綫。

**（天）拉薩—蘭州綫**　此綫與西藏都會相連，為彼境域之中央幹綫，足稱為此系統中之重要路綫。沿此綫之起點與終點，現已有少數居民，將來可成為一大殖民地，故卽當開辦之始，或可成為一有價值之路綫也。此綫起自拉薩，循舊官路，向北前行，經達隆至雅爾，卽騰格里池之東南方也。過雅爾後，此綫暫轉東向，由藏布江谷地，過分水界，經雙竹山口，至潞江谷地。然後轉而東向，渡潞江正源，經過數處谷地河流及山嶺，而至揚子江。於是渡揚子江上流正源之金沙江，過苦苦賽爾橋。過此橋後，轉東南向，又東向，通過揚子江谷地，進入黃河谷地。於是由此經過數小村落與帳幕地，進至札陵湖與鄂陵湖間之星宿海。然後東北向，過柴塔木之東南谷地，再轉入黃河谷地，卽前進。經過喀拉普及數小市鎮，至丹噶爾，今名湟源，界於甘肅與青海之間。過丹噶爾後，此綫卽轉東南。循西寧河流之肥美谷地下行，經過西寧、碾伯與數百小市鎮、小村落，至蘭州。此綫行經之距離，約一千一百英里。

**（地）拉薩—成都綫**　此綫起自拉薩，東北向，依舊官路前行，經德慶、南摩，至墨竹工卡。然後轉東南向，又東北向，至江達。於是由江達轉北向，又轉東北向前行，經過託拉山，至拉里。過拉里後，此綫向東行，經邊壩、碩督與數小市鎮，至洛龍宗。然後由嘉裕橋，渡潞江，卽轉東北向，至恩達與察木多。過察木多後，此綫不循東南之官路至巴塘，乃向東北，而循別一商路前行，至四川省西北角之巴戎。由此前行，過橋，渡金沙江，卽札武三土司附近地方也。於是此綫，轉東南向，進入依杵谷地，沿雅龍江下行，至甘孜。再前進，經長葛、英溝，至大金川之倍田，並至小金川之望安。過望安後，此綫卽橫過斑爛山，至灌縣，進入成都平原，卽由郫縣至成都。此綫行經之距離，約一千英里。

（玄）**拉薩—大理—車里綫**　此綫起自拉薩，與拉薩—成都綫同軌，直行至江達。於是由江達，從其本路路軌西南向，沿藏布江支流，至油魯，卽其河支流與正流會合之點也。經油魯後，卽沿藏布江口左岸，經公布什噶城，至底穆昭。由底穆昭，離藏布江向東前行，至底穆宗城、遺貢、巴谷、刷宗城。過刷宗城後，此綫轉東南行，至力馬，再東行，至潞江之門公。於是由門公轉南向前行，沿潞江右岸，經菖蒲桶至丹鄔，然後渡潞江。由崖瓦村谷地，過分水界至瀾滄江（又名美江），乃渡江至小維西。過小維西後，卽沿河邊至誠心銅廠，然後離河前行，經河西洱源、鄧州、上關，至大理。由大理南行，至下關、鳳儀、蒙化，再行至保甸，與瀾滄江再會。於是南行沿江之左岸，至車里，為此錢之終點。其路綫之長，約九百英里。

（黃）**拉薩—提郎宗綫**　此綫起自拉薩，向南行，道經德慶，至藏布江。再由藏布江轉東向，沿河之左岸，至札噶爾總。渡藏布江，至澤當，卽南向前行。經吹夾坡郎、滿楚納、塔旺，至提郎宗。再接續前行，至印度之亞三邊界。此綫長約二百英里。

（宇）**拉薩—亞東綫**　此綫起自拉薩，西南向。由札什，循舊官路，經僵里，至曲水。由曲水過末力橋，渡藏布江南之查戛木，然後至塔馬隆、白地、達布隆與浪噶子等地。過浪噶子後，此綫轉西向，至翁古、拉隆、沙加等地。於是由沙加離官路，再轉向西南行，道經孤拉，至亞東，是哲孟雄邊界。此綫長約二百五十英里。

（宙）拉薩—來吉雅令及其支綫　此綫起自拉薩，向西北行。由札什，循舊官路前行，至小德慶。再西行，至桑駱駝池。轉西南行，至那馬陵與當多汛，卽在拉古地方，渡藏布江。過拉古後，此綫卽轉西向，至日喀則城，是為西藏之第二重要市鎮。由此依同一方向，沿藏布江邊右岸前行，取道札什岡、朋錯嶺與拉孜等地方。於是由拉孜分一支綫，向西南行，取道脅噶爾、定日，至尼泊爾邊界之攝拉木。但其幹綫，則橫過藏布江之右邊，循官路行，取道那布林、格喀，至大屯。由此再分一支綫，向西南行，至尼泊爾邊界。而其幹綫，仍接續西北行，取道塔木札卓山，至噶爾渡，然後向西前行，至薩特來得河之來吉雅令，以印度邊界為終點。此綫與其二支綫合計之，約共長八百五十英里。

（洪）拉薩—諾和綫　此綫起自拉薩，與宙綫同軌行，至桑駝駱海，始循其本綫，向西北前行，至得貞、桑札宗及塔克東，於是由此處進入西藏之金礦最富地方。再經過翁波、都拉克巴、光貴與于喀爾至諾和，為此綫之終點。其距離約長七百英里。

（荒）拉薩—于闐綫　此綫起自拉薩，循宙、洪兩綫之軌道，至騰格里池之西南角。於是由其本軌向西北前行，經隆馬絨、特布克託羅海與四五處小地方，至薩里。過薩里後，此綫卽通過一大幅無人居之地，至巴喀爾與蘇格特。橫過山嶺，遂由高原而下，經索爾克，至塔里木河流域之雅蘇勒公。在此與西北鐵路系統之車爾城—于闐綫，合軌前行，至于闐。此綫共長約七百英里。

（日）蘭州—婼羌綫　此綫起自蘭州，循拉薩—蘭州綫軌道同行，至青海之東南角，於是由其本軌，遶青海南岸，至都蘭奇特。
卽由此轉西南走，至宗札薩克。由宗札薩克，依柴達木低窪之南邊，
向西南行，經過屯月、哈羅里與各爾莫，至哈目格爾。過哈目格爾
後，此綫卽轉西北向，經拜把水泉、那林租哈，至阿爾善特水泉。
然後暫轉北向前行，構過山脈，至婼羌，卽與安西—于闐綫及婼
羌—庫爾勒綫聯合，是為終站。此綫約長七百英里。

**（月）成都—宗札薩克綫**　此綫起自成都，循拉薩—成都軌道前
行，至灌縣，然後由其本軌向北前行，經汶川至茂州。於是循岷江
河流，向西北前行，至松潘。過松潘後，卽❶岷山谷地。經過東丕至
上勒凹，卽由此處橫過揚子江與黃河間之分水界，再接續前行，至
鄂爾吉庫舍里。於是由黃河支源，西北轉，至其正流，沿河右邊，
取道察漢津，至布勒拉察布。渡黃河，至舊官路。西北轉，與拉
薩—蘭州綫合軌前行，直達拉尼巴爾，再轉西北向，循其本軌前行，
至宗札薩克，與蘭州—婼羌綫相會，是為終站。此綫行經之距離，
約六百五十英里。

**（盈）寧遠—車爾城綫**　此綫起自寧遠，向西北行，取道懷遠
鎮，至雅江。橫過江之右岸，循舊驛路前行，至西俄落，卽離江邊，
循驛路，至裏塘。由裏塘仍依同一方向，從別路前行，至金沙江左
岸之岡沱再沿此河邊前行，至札武三土司，橫過拉薩—成都綫。過
札武三土司後，此綫仍依同一方向前行。沿金沙江邊，取道圖登貢
巴，至苦苦賽爾橋，卽在此橫過拉薩—蘭州綫。再循金沙江之北支
源，至其發源處，過分水界，循駱駝路前行，經沁司坎阿洛共，至
車爾城，是為終站。其距離約長一千三百五十英里，此綫為此系統

---

❶　原書"卽"字後空一格，疑漏字。——編者註

之最長路綫。

（戾）成都—門公綫　此綫起自成都，向西南行，經雙流、新津、名山，至雅州。轉西北向前行，至天全，復轉西行，至打箭爐、東俄落、裏塘等地方。過裏塘後，此綫向西南行，經過巴塘、宴爾喀羅，至門公。約共長四百英里，所經過地方，皆係山嶺。

（辰）成都—元江綫　此綫起自成都，循成都—門公綫路軌前行，至雅州，然後由其本軌，依同一方向，取道榮經，至清溪。過清溪後，此綫向南行，經越雋，至寧遠，卽於此與寧遠—車爾城綫之首站相會。過寧遠後，卽至會理，然後渡金沙江至雲南府，與廣州—大理綫相會。於是由雲南府循昆明池西邊，至昆陽。經過新興嶍峨，至元江，與廣州—思茅綫相會，是為終站。其距離約六百英里。

（宿）叙府—大理綫　此綫起自叙府，沿揚子江左岸前行，至屏山、雷波。過雷波後，卽離此河向西南行，過大梁山，至寧遠，卽於此橫過成都—寧遠綫，並與廣州—寧遠綫及寧遠—車爾城綫之首站相會。於是再接續依同一方向前行，橫過雅龍江，至鹽源、永北。過永北後，此綫暫轉南向，渡金沙江，至賓川，然後至大理，與廣州—大理綫及拉薩—大理綫相會，是為終站。共長約四百英里。

（列）叙府—孟定綫　此綫起自叙府，循叙府—大理綫路軌，直行至雷波，卽由揚子江上流，名曰金沙江橫過。沿此江之上流左岸，至其灣南處，卽橫過成都—元江綫，至元謀。復由元謀前行，至楚雄，橫過廣州—大理綫，至景東。復向西南前行，橫過瀾滄江，至雲州，然後轉西南向，循潞江支脈，至孟定，以邊界為絡站。此綫共長約五百英里。

（張）于闐—噶爾渡綫　此綫起自于闐，沿克利雅河，向南行，至波魯。由波魯復轉西南行，取道阿拉什東郎，至諾和，卽與拉薩—諾和綫之終站相會。過諾和後，卽遶諾和湖之東邊，至羅多克。復向西南行，沿印度河，至碟穆綽克。復由碟穆綽克東南向，沿印度河上行至噶爾渡，卽於此與拉薩—來吉雅令綫相會，是為終站。此綫共長約一千一百英里。

# 附錄二　各路站名里程總表

## 1. 京奉鐵道

| 站名 | 距離 | 站名 | 距離 | 站名 | 距離 |
|---|---|---|---|---|---|
| 北京正陽門 | 一 | 蘆台 | 二三七・五九 | 南大寺 | 三九五・七一 |
| 東便門 | 二・八二 | 塘坊 | 二六〇・一五 | 秦皇島 | 四〇五・〇九 |
| 永定門 | 九・三〇 | 胥各莊 | 二六九・八二 | 山海關 | 四二二・三四 |
| 豐台 | 一九・一〇 | 唐山 | 二七九・〇六 | 萬家屯 | 四三二・五〇 |
| 黃村 | 二五・四四 | 開平 | 二八五・八八 | 前所 | 四四一・四九 |
| 安定 | 五二・八七 | 窪里 | 一 | 高嶺站 | 四四九・四七 |
| 萬莊 | 六三・四四 | 古冶 | 二九四・〇七 | 前衛 | 四六一・五八 |
| 郎坊 | 七四・二二 | 碑家店 | 三〇〇・一三 | 荒地 | 四七五・三二 |
| 落垡 | 八八・三〇 | 雷莊 | 三〇八・九〇 | 綏中縣 | 四八七・三三 |
| 張莊 | 九九・五二 | 坨子頭 | 三一六・六一 | 東新莊 | 四九七・四八 |
| 楊村 | 一二〇・四二 | 灤州 | 三二三・八六 | 沙後所 | 五一四・一〇 |
| 北倉 | 一二五・三五 | 朱各庄 | 三二七・八二 | 白廟子 | 五三二・〇四 |
| 天津總站 | 一三五・〇七 | 石門 | 三三二・二三 | 興城縣 | 五三四・六四 |
| 天津東站 | 一六二・五六 | 安山 | 三四四・〇六 | 韓家溝 | 五四八・一七 |
| 軍糧城 | 一七八・七五 | 後封台 | 三五〇・六六 | 連山 | 五五五・五六 |
| 新河 | 一八三・二一 | 昌黎 | 三五九・三三 | 營盤 | 五六五・一〇 |
| 塘沽 | 一九五・六三 | 張家莊 | 三六六・一一 | 高橋 | 五七五・六一 |
| 北塘 | 二一七・二四 | 留守營 | 三七五・四八 | 陳家屯 | 五八五・四八 |
| 漢沽 | 二二五・〇七 | 北戴河 | 三八七・一四 | 女兒河 | 五九五・二〇 |

| 站名 | 距離 | 站名 | 距離 | 站名 | 距離 |
|---|---|---|---|---|---|
| 錦縣 | 六〇五・八一 | 高山子 | 七〇一・六九 | 巨流河 | 七九三・七三 |
| 雙羊店 | 六一八・〇二 | 天虎山 | 七一二・四一 | 興隆店 | 八〇四・五八 |
| 大凌河 | 六二九・二二 | 唐家窩舖 | 七二三・一四 | 馬三家 | 八二三・一〇 |
| 石山站 | 六四四・九九 | 勵家窩舖 | 七三三・六五 | 皇姑屯 | 八三九・二二 |
| 羊圈子 | 六五四・七八 | 饒陽河 | 七四四・七六 | 南滿驛 | 八四一・九一 |
| 溝幫子 | 六六九・六八 | 白旗堡 | 七五九・九五 | 瀋陽城 | 八四三・一二 |
| 趙家屯 | 六七八・二七 | 柳河溝 | 七七一・〇二 | — | — |
| 青堆子 | 六八五・二二 | 新民 | 七八二・一四 | — | — |

## 2. 京漢鐵道

| 站名 | 距離 | 站名 | 距離 | 站名 | 距離 |
|---|---|---|---|---|---|
| 北京前門 | — | 徐水縣 | 一二二 | 竇嫗 | 二九五 |
| 西便門 | 六 | 漕河 | 一三五 | 元氏縣 | 三〇九 |
| 跑馬場 | 七 | 保定府 | 一四六 | 大陳莊 | 三一七 |
| 蘆溝橋 | 一五 | 于家莊 | 一五八 | 高邑縣 | 三二七 |
| 長辛店 | 二一 | 方順橋 | 一六八 | 鴨鴒營 | 三三五 |
| 南岡窪 | 二六 | 望都縣 | 一七九 | 鎮內 | 三四三 |
| 良鄉縣 | 三一 | 清風店 | 一九三 | 馮村 | 三五三 |
| 竇店 | 四一 | 定州 | 二〇六 | 內邱縣 | 三六四 |
| 琉璃河 | 五一 | 寨西店 | 二一七 | 官莊 | 三七五 |
| 永樂村 | 五九 | 新樂縣 | 二二七 | 順德府 | 三九〇 |
| 涿州 | 六四 | 東長壽 | 二三九 | 沙河縣 | 四〇三 |
| 松林店 | 七四 | 新安 | 二五三 | 褡褳鎮 | 四一四 |
| 高碑店 | 八四 | 正定府 | 二六三 | 臨洺關 | 四二三 |
| 定興縣 | 九二 | 柳辛莊 | 二七一 | 王化堡 | 四三三 |
| 北河店 | 一〇〇 | 石家莊 | 二七七 | 邯鄲縣 | 四四二 |
| 固城 | 一〇九 | 高遷村 | 二八八 | 馬頭鎮 | 四五八 |

續表

| 站名 | 距離 | 站名 | 距離 | 站名 | 距離 |
|---|---|---|---|---|---|
| 光祿鎮 | 四六六 | 薛店 | 七二七 | 信陽州 | 九九六 |
| 磁州 | 四七三 | 新鄭縣 | 七四〇 | 雙河 | 一〇〇九 |
| 雙廟 | 四八二 | 官亭 | 七四八 | 柳林 | 一〇一八 |
| 豐樂鎮 | 四九三 | 和尚橋 | 七五九 | 李家寨 | 一〇二七 |
| 彰德府 | 五〇八 | 蘇橋 | 七七〇 | 新店 | 一〇三四 |
| 寶連寺 | 五二〇 | 許州 | 七八〇 | 武勝關 | 一〇四〇 |
| 湯陰縣 | 五二九 | 大石橋 | 七九四 | 東篁店 | 一〇四八 |
| 宜溝鎮 | 五四二 | 臨潁縣 | 八〇六 | 廣水 | 一〇六一 |
| 濬縣 | 五四八 | 小商橋 | 八一八 | 楊家寨 | 一〇七五 |
| 高村橋 | 五五七 | 孟廟村 | 八二七 | 王家店 | 一〇九〇 |
| 洪縣 | 五六六 | 郾城縣 | 八三四 | 衛家店 | 一〇九八 |
| 塔岡 | 五七九 | 郭店 | 八四〇 | 花園 | 一一〇六 |
| 衛輝府 | 五八九 | 西平縣 | 八五六 | 陸家山 | 一一一七 |
| 潞王墳 | 六〇四 | 焦莊 | 八七一 | 蕭家港 | 一一二六 |
| 新鄉縣 | 六一四 | 遂平縣 | 八八二 | 孝感縣 | 一一四〇 |
| 小冀鎮 | 六二九 | 大劉莊 | 八九二 | 三汊埠 | 一一五三 |
| 元村驛 | 六三八 | 駐馬店 | 九〇九 | 祝家灣 | 一一六二 |
| 忠義 | 六四六 | 馬莊 | 九一〇 | 祁家灣 | 一一七一 |
| 詹店 | 六五六 | 確山縣 | 九二〇 | 橫店 | 一一八二 |
| 黃河北岸 | 六六四 | 黃山坡 | 九三〇 | 灄口 | 一一九一 |
| 黃河南岸 | 六六八 | 新安店 | 九四〇 | 諶家磯 | 一一九八 |
| 榮澤縣 | 六七四 | 李新店 | 九五〇 | 漢口江岸 | 一二〇四 |
| 南陽 | 六八四 | 明港 | 九五七 | 漢口大智門 | 一二〇八 |
| 鄭州 | 六九六 | 三官廟 | 九六五 | 漢口循禮門 | 一二一〇 |
| 小李莊 | 七〇六 | 長台關 | 九七四 | 漢口玉帶門 | 一二一三 |
| 謝莊 | 七一六 | 彭家灣 | 九八三 | 一 | 一 |

### 3. 津浦鐵道

| 站名 | 距離 | 站名 | 距離 | 站名 | 距離 |
|---|---|---|---|---|---|
| 天津東站 | 一 | 濼口 | 三五〇・九三 | 夾溝 | 七一八・四二 |
| 天津總站 | 四・三五 | 濟南府 | 三五六・三八 | 李家莊 | 七二六・六三 |
| 天津西站 | 九・八四 | 黨家莊 | 三六九・九五 | 福履集 | 七三五・一〇 |
| 楊柳青 | 二四・六四 | 固山 | 三八三・二九 | 南宿州 | 七四八・七二 |
| 良王莊 | 三八・八三 | 張夏 | 三九〇・二一 | 西寺坡 | 七六五・二四 |
| 獨流鎮 | 四三・〇五 | 萬德 | 四〇三・五二 | 任橋 | 七八〇・七七 |
| 靜海縣 | 五一・九九 | 界首 | 四一四・九七 | 固鎮 | 七九五・九二 |
| 陳官屯 | 六四・〇四 | 泰安府 | 四二八・一七 | 新橋 | 八一〇・八七 |
| 唐官屯 | 七六・〇八 | 東北堡 | 四四一・七三 | 曹老集 | 八二四・七一 |
| 馬廠 | 八三・四八 | 大汶口 | 四五六・二一 | 蚌埠 | 八三八・六二 |
| 青縣 | 九三・六一 | 南邑 | 四六八・〇六 | 門台子 | 八五三・六五 |
| 興濟 | 一〇八・二二 | 吳村 | 四八五・四七 | 臨淮關 | 八六二・八九 |
| 姚官屯 | 一一六・二〇 | 曲阜 | 四九五・六三 | 板橋 | 八七三・三〇 |
| 滄州 | 一二五・一九 | 兗州府 | 五一二・三八 | 小溪河 | 八八二・四七 |
| 磚河 | 一三八・二七 | 鄒縣 | 五三二・五〇 | 石門山 | 八八九・四一 |
| 馮家口 | 一四六・一四 | 兩下店 | 五四四・一八 | 明光 | 八九九・六六 |
| 泊頭 | 一六四・四六 | 界河 | 五五七・七四 | 小卞莊 | 九〇七・三五 |
| 南霞口 | 一七四・七五 | 滕縣 | 五七三・〇六 | 管店 | 九一六・四二 |
| 東光縣 | 一八四・四一 | 南沙河 | 五八一・二一 | 三界 | 九二八・一二 |
| 連鎮 | 一九五・二九 | 官橋 | 五九一・八四 | 張八嶺 | 九四〇・五九 |
| 安陵 | 二〇九・七一 | 臨城 | 六〇六・七一 | 沙河集 | 九五〇・二九 |
| 桑園 | 二一七・〇四 | 沙溝 | 六一四・六一 | 滁州 | 九六三・九二 |
| 德州 | 二三八・七七 | 韓莊 | 六三〇・四〇 | 烏衣 | 九八〇・六七 |
| 黃河涯 | 二五一・二二 | 利國驛 | 六三八・二三 | 東葛 | 九九〇・二四 |
| 平原縣 | 二七二・九四 | 柳泉 | 六五二・七〇 | 花旗營 | 一〇〇一・一八 |
| 張莊 | 二九一・四一 | 茅村 | 六六二・三三 | 浦鎮 | 一〇一〇・二三 |
| 禹城縣 | 三〇五・一三 | 徐州府 | 六七三・八一 | 浦口 | 一〇一三・八三 |
| 晏城 | 三二三・五六 | 三舖 | 六八九・四六 | — | — |
| 桑梓店 | 三三八・〇八 | 曹村 | 七〇四・三八 | — | — |

## 4. 京綏鐵道

| 站名 | 距離 | 站名 | 距離 | 站名 | 距離 |
|------|------|------|------|------|------|
| 豐台 | 一 | 沙嶺子 | 一八三・一二 | 平地泉 | 五一〇・二五 |
| 廣安門 | 七・三二 | 張家口 | 二〇一・二〇 | 三岔口 | 五二五・一〇 |
| 西直門 | 一四・六一 | 孔家莊 | 二一八・七五 | 八蘇木 | 五三六・九八 |
| 清華園 | 二〇・二二 | 郭磊莊 | 二三四・九三 | 十八台 | 五四八・六七 |
| 清河 | 二五・九七 | 柴溝堡 | 二四八・八二 | 馬蓋圖 | 五六二・四七 |
| 沙河 | 三六・二四 | 西灣堡 | 二六三・五九 | 卓資山 | 五七五・五九 |
| 昌平縣 | 四五・六二 | 永嘉堡 | 二七九・六三 | 福生莊 | 五八九・七五 |
| 南口 | 五四・九六 | 天鎮 | 二九七・二三 | 三道營 | 六〇四・八四 |
| 東園 | 六〇・五六 | 羅文皂 | 三一一・六一 | 旗下營 | 六一七・八五 |
| 居庸關 | 六五・〇九 | 陽高縣 | 三二六・五六 | 陶卜齊 | 六三五・九九 |
| 三堡 | 六八・九五 | 王官人屯 | 三四一・四三 | 白塔 | 六五一・八一 |
| 青龍橋 | 七二・九六 | 聚樂堡 | 三五五・九五 | 綏遠城 | 六六八・三二 |
| 西撥子 | 七八・八二 | 周士莊 | 三六七・六九 | 台閣牧 | 六八六・九四 |
| 康莊 | 八四・八〇 | 大同府 | 三八三・一五 | 畢克齊 | 七〇四・四六 |
| 懷來 | 九六・三七 | 孤山 | 三九六・四五 | 察素齊 | 七一八・五七 |
| 土木 | 一一一・七八 | 堡子灣 | 四一三・八九 | 陶思浩 | 七三五・八二 |
| 沙城 | 一一八・九二 | 豐鎮 | 四二八・〇一 | 麥達昭 | 七五三・八〇 |
| 新保安 | 二一七・八一 | 新安莊 | 四四四・四五 | 薩拉齊縣 | 七七二・〇八 |
| 下花園 | 一四三・八〇 | 紅砂壩 | 四六四・四八 | 公積坡 | 七八六・四六 |
| 辛莊子 | 一五四・四二 | 官村 | 四七八・六五 | 鐙口 | 八〇一・五一 |
| 宣化府 | 一六八・九七 | 蘇集 | 四九四・三五 | 包頭鎮 | 八一五・九八 |

## 5. 道清鐵道

新鄉新站之後有游家墳兩站，待王站之後有李河一站，焦作站之後有李封一站，均係小站未列入

| 站名 | 距離 | 站名 | 距離 | 站名 | 距離 |
|---|---|---|---|---|---|
| 童灣 又名三里灣 | 一 | 新鄉縣 | 四三‧四四 | 修武縣 | 六七‧四三 |
| 道口鎮 | 一‧三三哩 | 京漢站 | 四四‧七三 | 待王 | 七五‧一一 |
| 王莊 | 七‧八六 | 新鄉新站 | 四五‧八六 | 焦作 | 八二‧一二 |
| 柳衛 | 一六‧三五 | 大召營 | 五〇‧二八 | 常口 | 八八‧一四 |
| 衛輝府 | 三〇‧四二 | 獲嘉縣 | 五七‧四〇 | 柏口 | 九〇‧三九 |
| 白露 | 三六‧七四 | 獅子營 | 六三‧〇八 | 清化鎮 | 九三‧二一 |

## 6. 正太鐵道

| 站名 | 距離 | 站名 | 距離 | 站名 | 距離 |
|---|---|---|---|---|---|
| 石家莊 | 一 | 娘子關 | 七四 | 馬首村 | 一六七 |
| 大郭村 | 九公里 | 程家壠底 | 八二 | 上湖 | 一七六 |
| 獲鹿縣 | 一七 | 下盤石 | 九一 | 盧家莊 | 一八五 |
| 頭泉 | 二二 | 岩會 | 九九 | 殷廷 | 一九三 |
| 上安 | 三一 | 亂流 | 一〇九 | 東趙村 | 二〇二 |
| 岩峯 | 三七 | 白羊墅 | 一一五 | 北合流 | 二一〇 |
| 微水 | 四二 | 陽泉 | 一二一 | 榆次縣 | 二一八 |
| 南河頭 | 四四 | 賽魚 | 一二八 | 鳴李 | 二二六 |
| 南張村 | 五一 | 坡頭 | 一三五 | 北營 | 二三四 |
| 井陘縣 | 五七 | 測石驛 | 一四一 | 太原府 | 二四三 |
| 北峪 | 六三 | 芹泉 | 一五一 | 一 | 一 |
| 南峪 | 六七 | 壽陽縣 | 一六一 | 一 | 一 |

## 7. 滬寧鐵道

| 站名 | 距離 | 站名 | 距離 | 站名 | 距離 |
|---|---|---|---|---|---|
| 上海北站 | — | 滸墅關 | 九八・六五 | 丹陽 | 二一二・一二 |
| 真茹 | 七・五六 | 望亭 | 一〇七・三三 | 新豐 | 二二〇・二七 |
| 南翔 | 一七・二五 | 周涇港 | 一一七・八二 | 渣站 | 二三二・〇九 |
| 黃渡 | 二三・四一 | 無錫旗站 | 一二三・六七 | 鎮江旗站 | 二四二・〇四 |
| 安亭 | 三〇・九九 | 無錫 | 一二八・五四 | 高資 | 二五四・七七 |
| 陸家濱 | 四二・三六 | 石塘灣 | 一三八・九四 | 下蜀 | 二六六・四八 |
| 恆利 | 四八・二四 | 洛社 | 一四二・〇〇 | 龍潭 | 二七七・五六 |
| 崑山 | 五一・六八 | 橫林 | 一五〇・二七 | 棲霞山 | 二八七・五四 |
| 正儀 | 六二・三八 | 戚墅堰 | 一五六・二八 | 堯化門 | 二九六・三八 |
| 唯亭 | 六八・八六 | 常州 | 一六七・三九 | 太平門 | 三〇三・五八 |
| 外跨塘 | 七七・七二 | 奔牛 | 一八五・〇一 | 神策門 | 三〇六・四四 |
| 官瀆里 | 八三・四七 | 呂城 | 一九二・六二 | 南京下關 | 三一一・〇四 |
| 蘇州 | 八六・三三 | 陵口 | 二〇二・七一 | — | — |

## 8. 滬杭甬鐵道

（1）上海北站—閘口間

| 站名 | 距離 | 站名 | 距離 | 站名 | 距離 |
|---|---|---|---|---|---|
| 上海北站 | — | 石湖蕩 | 五五・四一 | 許村 | 一五九・〇五 |
| 梵王渡 | 九・一三 | 楓涇 | 七〇・六九 | 臨平 | 一六五・五九 |
| 徐家滙 | 一二・四五 | 嘉善 | 八〇・〇三 | 筧橋 | 一七八・四二 |
| 龍華 | 一八・二八 | 嘉興 | 九八・五三 | 艮山門 | 一八五・一九 |
| 梅家弄 | 二〇・二五 | 王店 | 一一五・一一 | 杭州 | 一八九・五七 |
| 莘莊 | 二五・三六 | 硤石 | 一二五・三二 | 南星橋 | 一九二・七九 |
| 新橋 | 三二・八三 | 斜橋 | 三一八・二一 | 閘口 | 一九五・六六 |
| 明星橋 | 四一・六六 | 周王廟 | 一四四・四五 | — | — |
| 松江 | 四四・五八 | 長安 | 一五〇・五八 | — | — |

### （2）寧波—曹娥江間

| 站名 | 距離 | 站名 | 距離 | 站名 | 距離 |
|---|---|---|---|---|---|
| 寧波 | — | 丈亭 | 三三・一一 | 驛亭 | 七二・六五 |
| 莊橋 | 六・九四 | 蜀山 | 三九・六八 | 百官 | 七五・八一 |
| 洪塘 | 一一・五八 | 餘姚 | 四七・六一 | 曹娥江 | 七七・九〇 |
| 慈谿 | 一八・一九 | 馬渚 | 五九・〇二 | — | — |
| 葉家 | 二五・八四 | 五夫 | 六五・九二 | — | — |

### 9. 廣九鐵道

| 站名 | 距離 | 站名 | 距離 | 站名 | 距離 |
|---|---|---|---|---|---|
| 廣州大沙頭 | — | 石灘 | 五六 | 平湖 | 一二四 |
| 石牌 | 六公里 | 石瀝滘 | 五九 | 李朗 | 一三〇 |
| 車陂 | 一三 | 石龍 | 六五 | 布吉 | 一三五 |
| 吉山 | 二六 | 茶山 | 七一 | 深圳墟 | 一四二 |
| 烏涌 | 二一 | 南社 | 七四 | 深圳 | 一四三 |
| 南岡 | 二八 | 橫瀝 | 八一 | 上水 | 一四六 |
| 沙村 | 三一 | 常平 | 八六 | 粉嶺 | 一四九 |
| 新塘 | 三五 | 土塘 | 九一 | 大浦墟 | 一五六 |
| 唐美 | 三八 | 樟木頭 | 九九 | 大浦 | 一五八 |
| 白石 | 四〇 | 林村 | 一〇六 | 沙田 | 一六七 |
| 雅瑤 | 四二 | 塘頭廈 | 一一一 | 油蔴地 | 一七五 |
| 仙村 | 四七 | 石鼓 | 一一五 | 紅磡 | 一七七 |
| 石廈 | 五二 | 天堂圍 | 一一八 | 九龍 | 一七九 |

## 10. 吉長鐵道

| 站名 | 距離 | 站名 | 距離 | 站名 | 距離 |
|---|---|---|---|---|---|
| 頭道溝 | — | 飲馬河 | 四三・一 | 樺皮廠 | 九三・〇 |
| 長春 | 四・五<sup>公里</sup> | 下九台 | 五二・〇 | 孤店子 | 一〇四・二 |
| 興隆山 | 一五・五 | 營城子 | 五九・一 | 九站 | 一一四・四 |
| 卞倫 | 二四・九 | 土門嶺 | 七二・八 | 吉林 | 一二七・七 |
| 龍家堡 | 三四・八 | 河灣子 | 八五・五 | — | |

## 11. 四洮鐵道

| 站名 | 距離 | 站名 | 距離 | 站名 | 距離 |
|---|---|---|---|---|---|
| 四平街 | — | 鄭家屯 | 八七・九 | 太平川 | 一九九・二 |
| 總局 | — | 臥虎屯 | 一一〇・九 | 邊昭 | 二二四・四 |
| 泉溝 | 一〇・九 | 玻璃山 | 一二六・〇 | 開通 | 二四八・五 |
| 八面城 | 二八・一 | 茂林 | 一四六・〇 | 鴻興 | 二六八・六 |
| 曲家店 | 三八・九 | 三林 | 一五六・七 | 雙岡 | 二八三・七 |
| 傅家屯 | 五一・五 | 衙門台 | 一六五・四 | 黑水 | 三〇〇・四 |
| 三江口 | 六四・三 | 金山 | 一七五・一 | 洮南 | 三一二・三 |
| 一棵樹 | 七四・〇 | 豐庫 | 一八四・八 | — | |

### 附鄭遼枝綫

| 站名 | 距離 | 站名 | 距離 | 站名 | 距離 |
|---|---|---|---|---|---|
| 鄭家屯 | — | 門達 | 三七・九 | 錢家店 | 九〇・二 |
| 白市 | 七・七 | 大罕 | 五三・一 | 通遼 | 一一三・七 |
| 歐里 | 二六・二 | 大林 | 六五・三 | — | |

## 12. 株萍鐵道

| 站名 | 距離 | 站名 | 距離 | 站名 | 距離 |
|---|---|---|---|---|---|
| 安源 | 七・二三 公里 | 老關 | 四四・九二 | 姚家壩 | 八〇・七四 |
| 萍鄉 | 一九・四九 | 醴陵 | 五七・五七 | 白關舖 | 八九・九〇 |
| 峽山口 | 三三・九二 | 板杉舖 | 七一・〇四 | 株洲 | 九〇・五〇 |

## 13. 廣三鐵道

| 站名 | 距離 | 站名 | 距離 | 站名 | 距離 |
|---|---|---|---|---|---|
| 石圍塘 | — | 大鎮 | 二一・〇 | 小唐 | 五五・七 |
| 五眼橋 | 三・二 華里 | 構涪 | 二三・八 | 獅子竇 | 六三・一 |
| 三眼橋 | 八・二 | 佛山 | 二九・七 | 走馬營 | 七〇・八 |
| 邵邊 | 一二・八 | 街邊 | 三六・二 | 西南 | 七七・七 |
| 譚邊 | 一五・五 | 羅村 | 四一・二 | 三水 | 八八・二 |
| 奇槎 | 一八・八 | 上柏 | 四五・八 | — | — |

## 14. 粵漢鐵道湘鄂段

| 站名 | 距離 | 站名 | 距離 | 站名 | 距離 |
|---|---|---|---|---|---|
| 徐家棚 | — | 蒲圻 | 一三〇・八七 | 桃林寺 | 二七五・二六 |
| 通湘門 | 七・九〇 公里 | 茶庵嶺 | 一四三・〇三 | 汨羅 | 二九〇・五一 |
| 佘家灣 | 一〇・五〇 | 趙李橋 | 一五三・三一 | 白水 | 三〇七・六九 |
| 鮎魚套 | 一三・三九 | 羊樓司 | 一六五・四四 | 沙河 | 三二六・五九 |
| 紙坊 | 二七・九九 | 五里牌 | 一七九・三六 | 橋頭驛 | 三四〇・二〇 |
| 土地塘 | 四四・一五 | 路口舖 | 一九一・四〇 | 霞凝 | 三四七・九六 |
| 山坡 | 五七・二八 | 雲溪 | 二〇二・九四 | 長沙北站 | 三六二・七三 |
| 賀勝橋 | 六四・三六 | 城陵磯 | 二一六・六八 | 新河 | 三六四・六五 |
| 官埠橋 | 八一・三九 | 岳州 | 二二五・二六 | 長沙東站 | 三六五・〇〇 |
| 咸寧 | 八六・二二 | 麻塘 | 二三八・八〇 | 大圫舖 | 三八二・〇〇 |
| 汀泗橋 | 九九・〇四 | 榮家灣 | 二五一・六一 | 易家灣 | 三九五・三四 |
| 中伙舖 | 一一六・五四 | 黃沙街 | 二六六・七八 | 株洲 | 四一五・六八 |

## 15. 隴海鐵道

| 站名 | 距離 | 站名 | 距離 | 站名 | 距離 |
|---|---|---|---|---|---|
| 海州 | — | 劉堤圈 | — | 鐵爐 | — |
| 運河 | 一二六<sup>公里</sup> | 馬牧集 | — | 滎陽 | — |
| 碾莊 | — | 商邱縣 | 二五八 | 氾水 | — |
| 八義集 | — | 小壩 | — | 鞏縣 | — |
| 大徐家 | — | 柳河 | — | 鞏縣兵工廠 | — |
| 黃集 | — | 李壩集 | — | 黑石關 | — |
| 大廟 | — | 野鷄岡 | — | 偃師縣 | — |
| 大湖 | — | 內黃 | — | 義井舖 | — |
| 徐州府 | 一九八 | 蘭封 | — | 洛陽東站 | 六五八 |
| 銅山縣 | — | 羅王 | — | 洛陽西站 | — |
| 九里山 | — | 興隆 | — | 磁澗 | — |
| 郝寨 | — | 開封 | 四五四 | 新安縣 | — |
| 楊樓 | — | 韓莊 | — | 鐵門 | — |
| 黃口 | — | 中牟 | — | 義馬 | — |
| 李莊 | — | 白沙 | — | 澠池縣 | — |
| 碭山 | — | 古城 | — | 觀音堂 | — |
| 楊集 | — | 鄭州 | 五三九 | 陝州 | 八〇〇 |

## 16. 膠濟鐵道

| 站名 | 距離 | 站名 | 距離 | 站名 | 距離 |
|---|---|---|---|---|---|
| 青島 | — | 藍村 | 三二・六 | 蔡家莊 | 七一・三 |
| 大港 | 一・八<sup>哩</sup> | 李哥莊 | 三五・七 | 塔耳堡 | 七五・三 |
| 四方 | 四・三 | 膠東 | 四〇・三 | 丈嶺 | 七九・一 |
| 滄口 | 一〇・八 | 膠州 | 四五・五 | 岞山 | 八七・四 |
| 女姑口 | 一六・〇 | 芝蘭莊 | 五三・一 | 黃旗堡 | 九〇・九 |
| 城陽 | 一九・三 | 姚哥莊 | 五六・六 | 南流 | 九三・三 |
| 南泉 | 二六・七 | 高密 | 六一・四 | 蝦蟆屯 | 九九・八 |

| 站名 | 距離 | 站名 | 距離 | 站名 | 距離 |
|------|------|------|------|------|------|
| 坊子 | 一〇五・五 | 普通 | 一五四・二 | 普集 | 二〇五・五 |
| 二十里堡 | 一一〇・八 | 淄河店 | 一五八・三 | 明水 | 二一二・六 |
| 濰縣 | 一一四・二 | 辛店 | 一六二・四 | 棗園莊 | 二一六・八 |
| 大圩河 | 一一九・六 | 金嶺鎮 | 一六八・六 | 龍山 | 二二三・四 |
| 朱劉店 | 一二三・四 | 湖田 | 一七二・〇 | 郭店 | 二三〇・二 |
| 昌樂 | 一二八・八 | 張店 | 一七六・二 | 王舍人莊 | 二三四・八 |
| 堯溝 | 一三三・〇 | 馬尙 | 一七九・五 | 黃台 | 二四〇・七 |
| 譚家坊子 | 一三八・二 | 周村 | 一八七・五 | 北關 | 二四二・七 |
| 楊家莊 | 一四二・二 | 大臨池 | 一九六・六 | 濟南 | 三四四・九 |
| 青州 | 一四九・二 | 王村 | 二〇一・三 | — | — |

## 17. 粵漢鐵道粵段

| 站名 | 距離 | 站名 | 距離 | 站名 | 距離 |
|------|------|------|------|------|------|
| 黃沙 | — | 銀盞坳 | 一〇四・五〇 | 英德 | 二五七・〇二 |
| 西村 | 七・三九 華里 | 迎嘴 | 一二一・二五 | 河頭 | 二七九・九六 |
| 小坪 | 二一・〇六 | 源潭 | 一三一・四三 | 沙口 | 三二〇・七二 |
| 大朗 | 二八・六六 | 琶江口 | 一五〇・三二 | 大坑口 | 三四七・六五 |
| 江村 | 三七・二二 | 昇平 | 一六一・八四 | 烏石 | 三五七・三三 |
| 郭塘 | 四七・五三 | 舊橫石 | 一七一・八二 | 馬壩 | 三八一・七八 |
| 新街 | 五五・七八 | 黎峒 | 一九二・九三 | 韶州 | 四〇八・五一 |
| 樂同 | 六五・五五 | 連江口 | 二一七・七五 | — | — |
| 軍田 | 七七・五二 | 波羅坑 | 二三三・八五 | — | — |

## 18. 寧陽鐵道

| 站名 | 距離 | 站名 | 距離 | 站名 | 距離 |
|------|------|------|------|------|------|
| 斗山 | — | 沖蔞 | 一五・七〇八 | 大塘 | 三二・六七〇 |
| 六村 | 六・三三六 | 紅嶺 | 二一・〇五四 | 四九 | 四〇・三二六 |

續表

| 站名 | 距離 | 站名 | 距離 | 站名 | 距離 |
|---|---|---|---|---|---|
| 下坪 | 四三·九五六 | 大江 | 九六·二六〇 | 大澤 | 一五八·九九四 |
| 五十 | 四九·一七〇 | 萬福 | 九八·七三五 | 蓮塘 | 一六七·四九四 |
| 松朗 | 五三·五五八 | 公益 | 一〇九·三六一 | 汾水江 | 一七二·六八一 |
| 大亭 | 五七·七四九 | 麥巷 | 一一八·七三三 | 惠民門 | 一七九·四三一 |
| 東門 | 六五·六六九 | 牛灣 | 一二五·六〇八 | 會城東 | 一八三·五五六 |
| 寧城 | — | 大王市 | 一三二·四三三 | 都會 | 一九八·八〇六 |
| 板岡 | 七一·八四〇 | 司前 | 一三八·〇五八 | 江門 | — |
| 東坑 | 七六·五九二 | 白廟 | 一四一·七四五 | 白石 | 二〇七·四三一 |
| 水步 | 八五·八九八 | 沙沖 | 一四五·三七〇 | 北街 | 二二一·三六八 |
| 陳邊 | 九二·〇〇三 | 南洋 | 一五二·一八二 | — | — |

## 19. 中東鐵道

| 站名 | 距離 | 站名 | 距離 | 站名 | 距離 |
|---|---|---|---|---|---|
| 黑龍江西界 | — | 興安 | 三七〇·〇九 | 安達 | 八〇八·九〇 |
| 滿洲里 | 一八·一二 俄里 | 博河多 | 三九九·九六 | 宋站 | 八三八·五〇 |
| 達賴諾爾 | 四五·〇二 | 牙魯 | 四二八·三三 | 滿溝 | 八六八·二〇 |
| 咱岡 | 七四·九二 | 巴里木 | 四五七·八七 | 對青山 | 八九八·一〇 |
| 赫勒洪德 | 一〇三·〇一 | 札蘭屯 | 五一六·二八 | 哈爾濱 | 九三五·一〇 |
| 完工 | 一三三·六六 | 成吉思汗 | 五四六·二三 | 阿什河 | 九六五·二五 |
| 吳古諾爾 | 一六四·〇六 | 碾子山 | 五七四·二〇 | 二層甸子 | 九八四·五五 |
| 海拉爾 | 一九三·七七 | 朱家坎 | 六〇三·六三 | 小嶺山 | 一〇〇〇·六七 |
| 哈克 | 二二〇·二〇 | 庫勒 | 六四三·八七 | 帽兒山 | 一〇二〇·八〇 |
| 札勒木台 | 二四六·〇二 | 齊齊哈爾 | 六五三·八七 | 烏吉密 | 一〇四九·八五 |
| 牙克什 | 二七一·二三 | 煙筒屯 | 七〇六·八七 | 一面坡 | 一〇七八·四四 |
| 兔渡河 | 三〇一·一五 | 小河子 | 七二九·八七 | 隈沙河 | 一一〇六·五五 |
| 烏諾爾 | 三三〇·四一 | 蝦蟆甸子 | 七五八·八七 | 石頭河子 | 一一三五·〇四 |
| 伊勒克的 | 三五八·八二 | 薩勒圖 | 七七八·九〇 | 高嶺子 | 一一五七·〇四 |

續表

| 站名 | 距離 | 站名 | 距離 | 站名 | 距離 |
|---|---|---|---|---|---|
| 橫道河子 | 一一七七・四二 | 磨刀石 | 一二七五・六六 | 太平嶺 | 一三七六・六〇 |
| 山石 | 一二〇七・五八 | 帶馬溝 | 一二九五・九〇 | 細鱗河 | 一三九二・二三 |
| 海林 | 一二三五・三五 | 穆林 | 一三二四・四〇 | 小綏芬 | 一四一二・七四 |
| 牡丹江 | 一二五四・七二 | 馬橋河 | 一三五三・六九 | 交界 | 一四三五・二八 |

### 附哈長枝綫

| 站名 | 距離 | 站名 | 距離 | 站名 | 距離 |
|---|---|---|---|---|---|
| 舊哈爾濱 | 一 | 石頭城子 | 九五・〇六 | 沒砂子 | 一九三・六三 |
| 五家 | 二九・八七 | 陶瀨洲 | 一一六・一八 | 寬城子 | 二一八・九七 |
| 雙城鎮 | 四七・一七 | 窰門 | 一四八・五八 | — | — |
| 蔡家溝 | 七七・〇五 | 烏海 | 一六五・七五 | — | — |

## 20. 南滿鐵道

| 站名 | 距離 | 站名 | 距離 | 站名 | 距離 |
|---|---|---|---|---|---|
| 埠頭 | 一 | 得利寺 | 七八・九 | 海城 | 一七〇・五 |
| 大連 | 一・八哩 | 松樹 | 八三・〇 | 南台 | 一七六・二 |
| 臭水子 | 七・三 | 萬家嶺 | 九二・七 | 湯崗子 | 一八三・七 |
| 南關嶺 | 一一・四 | 許家屯 | 一〇一・五 | 千山 | 一八九・五 |
| 大房身 | 一九・〇 | 九寨 | 一〇六・二 | 鞍山 | 一九二・八 |
| 金州 | 二一・九 | 熊岳城 | 一一二・五 | 立山 | 一九六・〇 |
| 二十里台 | 三〇・五 | 盧家屯 | 一一八・七 | 首山 | 二〇一・七 |
| 三十里台 | 三六・五 | 沙崗 | 一二五・四 | 遼陽 | 二〇八・二 |
| 石河 | 四二・八 | 蓋平 | 一三二・〇 | 張台子 | 二一六・三 |
| 普蘭店 | 四九・七 | 太平山 | 一四三・七 | 煙台 | 二二二・一 |
| 田家 | 六〇・三 | 大石橋 | 一五〇・六 | 十里河 | 二二七・三 |
| 瓦房店 | 六七・〇 | 分水 | 一五五・三 | 沙河 | 二三二・七 |
| 王家 | 七一・八 | 他山 | 一六〇・三 | 蘇家屯 | 二三八・五 |

續表

| 站名 | 距離 | 站名 | 距離 | 站名 | 距離 |
|---|---|---|---|---|---|
| 渾河 | 二四二・八 | 開原 | 三一三・四 | 十家堡 | 三七五・五 |
| 奉天 | 二四八・二 | 金溝子 | 三二〇・一 | 郭家店 | 三八五・二 |
| 文官屯 | 二五六・三 | 馬仲河 | 三二六・四 | 蔡家 | 三八八・九 |
| 虎石台 | 二六一・〇 | 昌圖 | 三三二・七 | 大榆樹 | 三九四・二 |
| 新城子 | 二六八・五 | 滿井 | 三三七・三 | 公主嶺 | 三九九・一 |
| 新台子 | 二七六・〇 | 泉頭 | 三四一・七 | 劉房子 | 四〇五・八 |
| 亂石山 | 二八〇・七 | 雙廟子 | 三四八・三 | 陶家屯 | 四一二・八 |
| 得勝台 | 二八六・七 | 桓勾子 | 三五三・九 | 范家屯 | 四一八・八 |
| 鐵嶺 | 二九二・六 | 虹牛哨 | 三五七・九 | 大屯 | 四二五・三 |
| 平頂堡 | 二九九・二 | 廟子溝 | 三六二・三 | 孟家屯 | 四三二・二 |
| 中固 | 三〇五・九 | 四平街 | 三六五・八 | 長春 | 四三七・六 |
| 高台子 | 三一〇・二 | 楊木林 | 三六九・九 | — | — |

### 附安奉鐵道

| 站名 | 距離 | 站名 | 距離 | 站名 | 距離 |
|---|---|---|---|---|---|
| 安東 | — | 秋木莊 | 五八・六 | 福金 | 一一九・八 |
| 沙河鎮 | 二・〇 | 劉家河 | 六二・六 | 本溪湖 | 一二三・一 |
| 蛤蟆嶺 | 五・九 | 通遠堡 | 七二・四 | 火連寨 | 一二六・七 |
| 五龍背 | 一五・〇 | 草河口 | 七九・九 | 石橋子 | 一三五・〇 |
| 湯山城 | 二〇・七 | 祁家堡 | 八六・六 | 歪頭山 | 一三九・五 |
| 高麗門 | 二八・一 | 連山關 | 九二・三 | 姚千戶屯 | 一四三・二 |
| 鳳凰城 | 二七・二 | 下馬塘 | 九七・七 | 陳相屯 | 一五〇・七 |
| 四台子 | 四三・〇 | 南坎 | 一〇四・一 | 吳家屯 | 一五六・〇 |
| 鷄冠山 | 四九・八 | 橋頭 | 一一三・四 | 蘇家屯 | 一六一・七 |

## 21. 滇越鐵道

| 站名 | 距離 | 站名 | 距離 | 站名 | 距離 |
|---|---|---|---|---|---|
| 河口 | — | 芷村 | 一五三 | 糯租 | |
| 南溪 | 一五 | 黑龍潭 | 一六五 | 祿豐村 | 三四九 |
| 馬街 | 二九 | 壁虱寨 | 一七八 | 徐落波 | 三六三 |
| 老范寨 | 四三 | 大莊 | 一九四 | 滴水 | 三七三 |
| 大樹塘 | 五六 | 大塔 | 二二五 | 狗街子 | 三八八 |
| 臘哈地 | 七一 | 阿迷州 | 二三六 | 宜良 | 四〇四 |
| 白寨 | 八三 | 小龍潭 | 二六〇 | 可保村 | 四一九 |
| 灣塘 | 九五 | 巡檢司 | 二七六 | 水塘 | 四三六 |
| 波渡箐 | 一〇七 | 西扯邑 | — | 呈貢 | 四五四 |
| 猓姑寨 | 一二一 | 熱水塘 | 二八九 | 雲南 | 四七〇 |
| 戈姑 | 一三一 | 蔞兮 | 三〇〇 | — | — |
| 落水洞 | 一四四 | 西洱 | 三三七 | — | — |

## 22. 南潯鐵道

| 站名 | 距離 | 站名 | 距離 | 站名 | 距離 |
|---|---|---|---|---|---|
| 九江 | — | 德安 | 三二・三〇 | 新祺周 | 五九・三一 |
| 沙河 | 一〇・三四哩 | 建昌 | 四八・一八 | 樂化 | 六九・五六 |
| 黃老門 | 一九・五一 | 楊柳津 | 五〇・五〇 | 瀛上 | 七七・三六 |
| 馬迴嶺 | 二三・〇一 | 涂家埠 | 五三・四一 | 南昌 | 七八・六七 |

## 23. 潮汕鐵道

| 站名 | 距離 | 站名 | 距離 | 站名 | 距離 |
|---|---|---|---|---|---|
| 汕頭 | — | 彩塘市 | 一〇・八 | 潮州 | 二四・一 |
| 斗門橋 | 五・七哩 | 鸜巢 | 一四・六 | 意溪 | 二六・〇 |
| 庵埠 | 六・一 | 浮洋 | 一七・七 | — | — |
| 華美 | 九・〇 | 楓溪 | 二二・〇 | — | — |

## 24. 漳廈鐵道

| 站名 | 距離 | 站名 | 距離 | 站名 | 距離 |
|------|------|------|------|------|------|
| 嵩嶼 | — | 通津亭 | 九・六 | 蔡店 | 一三・四 |
| 海滄 | 四・〇哩 | 後港溪 | 一一・〇 | 吳宅 | 一六・二 |
| 下廳 | 七・九 | 石美 | 一一・七 | 江東橋 | 一九・三 |

# 編後記

　　《中國鐵路史（下）》是謝彬所著《中國鐵道史》的第十一章至第十六章以及附錄的部分內容。

　　作者謝彬（1887～1948），名作法，字蘭桂，號曉鍾，筆名謝彬，湖南衡陽人，資產階級民主主義革命者，著名愛國學者、教育家、經濟學家、著作家、邊疆史地學家，曾求學于清泉縣（今衡南縣）高等小學堂、衡州府中學堂。1905年加入同盟會，武昌起義后與衡陽同盟會成員積極響應。1912年，入早稻田大學攻讀政治經濟學。1914年，參加中華革命黨。1916年學成歸國，參加了廣東、湖南的護國戰爭。1915年，以特派員身份赴新疆阿爾泰區考察，著30余萬字《新疆遊記》。這是民國時期較早介紹西北邊疆地理知識的著作，孫中山為其作序。1919年，任上海《民心週報》《醒獅週報》主編。次年，任中華書局特約編輯，執教于大夏大學，著《中國關稅史》《中俄劃界痛史》。1921年，執教于湖南第三師範，著《周秦諸子研究》《民國政黨史》《蒙古問題》等。1923年，任廣州大本營經濟顧問。不久赴雲南考察，著《雲南遊記》《中國喪地史》《全國一周》等。1924年，支持孫中山的聯俄、聯共、扶助農工政策，著《中國郵電航空史》《西藏交涉史》《國防與外交》《西藏問題》等。1926年，參加北伐。大革命失敗后，專門著書立說，著《中國鐵道史》《經濟學新論》《家庭經濟新論》《中國政治學》《中國國債史》《新湘軍志》等。抗戰前夕，任湖南大學經濟系教授、系主任。抗戰期間，主要潛心王船山學術思想研究，還著有《中英藏案交涉史》

《經濟學常識》《新疆事情》《小東山房日記》等。1947年，任衡陽船山中學校長。1948年9月病逝於衡陽。

　　鐵路運輸迅速、便利和經濟，它在當今人們的交通出行和貨物運輸上擁有無法取代的地位。鐵路誕生在200多年前的工業革命時期。1804年，世界上第一台在鐵軌上前進的蒸汽機車在威爾士發明。1814年，史蒂芬孫製造了第一台蒸汽火車機車。1825年，英國正式通車世界上第一條鐵路。斯托克頓－達靈頓建成第一條蒸汽火車鐵路，標誌著近代鐵路運輸業的開端。英國在19世紀50年代興起了修建鐵路的高潮，至1890年鐵路網已達3.2萬千米。此後，鐵路在世界其他各地也迅速發展，成為世界交通領導者。雖然飛機和汽車的發明使火車在交通界的地位有所下降，但仍無法動搖鐵路在交通運輸上的重要性。

　　有關鐵路的知識在鴉片戰爭前後傳入中國，如在林則徐、魏源等仁人志士的著述中即有所介紹。我國的第一條鐵路是由英國怡和洋行在上海修建的吳淞鐵路，這條鐵路是英國人以修建馬路的名義欺騙清政府而修建的。在運營16個月后，清政府以28萬多兩白銀的價格買下后拆毀。我國最早自辦的鐵路是1881年洋務運動時期為解決開灤煤礦產煤外運而建的唐胥鐵路。為了避免頑固派的反對，李鴻章在築路奏請中聲明，以騾馬為牽引動力。因此，這條鐵路又被稱為"馬車鐵路"。雖然是一條"馬車鐵路"，且長度不足10千米，但它是中國第一條實際應用且真正保存下來的鐵路，拉開了中國自主修建鐵路的序幕。我國第一條自主修建的鐵路是1909年建成的京張鐵路。它是由我國第一位鐵路總工程師詹天佑設計，從北京，經居庸關、沙城、宣化，至張家口，全長約200千米。至清王朝結束，我國共建成鐵路約9 400千米。目前，我國鐵路已基本形成以北京為中心，以四縱、三橫、三網和關內外三線為骨架，通達全國省、市、區的鐵路網。至 2014 年年底，我國鐵路運營里程達 11 萬千米，其中高速鐵路運營里程 1.58 萬千米，覆蓋 28 個省、區、市，位列世界第一。我國已經成為世界上高鐵發展最快、系統技術最全、集成能力最強、運營里程最長、在建規模最大的國家。

我國的鐵路建設始於晚清時期。當時國力衰弱，列強在政治上、經濟上、軍事上全面侵華，其中掠奪修築鐵路的權利是一項重要內容。甲午戰後，列強瓜分了中國上萬千米的路權，形成帝國主義掠奪中國路權的第一次高潮。至 1911 年我國建成的 9 400 千米鐵路中，帝國主義直接修建、經營的約佔 41%，通過貸款控制的約佔 39%，我國擁有自主權利的僅佔 20% 左右。至新中國成立前，帝國主義在中國興起了三次掠奪中國路權的高潮。

《中國鐵道史》介紹了截至 1926 年中國的鐵路建設情況，更突出了帝國主義對中國路權的掠奪，為後人了解中國鐵路建設的艱難歷程提供了詳細、生動的史料。《中國鐵道史》下冊主要介紹了 1926 年前後我國的國有、民營、約定國有、外國承辦及計劃修建的鐵路情況，并附錄了孫中山的鐵路建設計劃。

需要向讀者說明的有以下幾點：為保持舊籍原貌，文中因時代所限出現的同字異書，一般不作改動；在整理過程中，在保持原貌的基礎上，對原文中一些明顯的錯訛之處進行了必要的修改，並以"編者注"的形式加以說明；數字中的千分號、小數點在當時有規定，本次整理未做改動；其他一般性規範性差異，進行了必要的訂正，不再一一注出說明。限於整理者水準，錯漏、不當之處仍在所難免，誠望讀者批評指正。

劉 江
2015 年 5 月

# 《民國文存》第一輯書目